LA DERNIÈRE PASSION

Massin

La dernière passion

Henri IV
et Charlotte de Montmorency

ROMAN

FRANCE LOISIRS
123, boulevard de Grenelle, Paris

Édition du Club France Loisirs, Paris,
avec l'autorisation des Éditions Albin Michel.

ISBN 2-7242-4080-4

Dieu sait ce qui se passe dans mon cœur. C'est à lui seul que je dois en rendre compte.

Henri IV

1
L'ordre du Saint-Esprit

— De vous à moi, demanda Bassompierre à Bellegarde, avons-nous pas bien joué notre rôle ?

— Il est vrai, mon ami, car vous avez assuré votre fortune amoureuse, et je vous y ai puissamment aidé, sans pour autant trahir le roi.

Les compères en rirent de bon cœur ; et Bellegarde qui était, dit-on, si propre de sa personne et jusque dans ses propos, qu'il n'aurait pas osé nommer un pet, fut reconnaissant à son compagnon de n'avoir point usé, pour raconter cette histoire, de paroles grasses.

Il y avait dix ans que la duchesse d'Entragues, devenue marquise de Verneuil, empoisonnait la vie du roi ; qu'elle n'avait de cesse, lorsque le ménage royal, une fois de plus, avait été raccommodé par Sully, de brouiller de nouveau Henri IV avec Marie ; que, par une faiblesse insigne, le prince lui avait écrit une promesse de mariage dans le cas où Henriette lui donnerait un enfant mâle avant un an. Cette promesse, Sully avait eu beau la déchirer, Henri IV l'avait récrite ; elle lui avait été enfin rendue, après être restée longtemps enclose en une bouteille, laquelle était prise dans l'épaisseur d'un mur du château de Malesherbes. Mais la marquise, avec l'aide des Espagnols, n'avait laissé de comploter contre l'État et la vie du roi : dans l'une de ces affaires, le maréchal de Biron avait perdu sa tête, cependant que Henriette d'Entragues, condamnée à être rasée et renfermée dans un couvent, était revenue en grâce. Pourtant, le roi commençait à se lasser de cette « femme jaune et maigre », et qui n'était plus, avouait-il à Marie, « marchandise pour sa boutique ».

Or la marquise, s'imaginant que le roi l'aimerait davantage si elle pouvait lui mettre la jalousie en tête, fit répandre le bruit que le duc de Guise voulait l'épouser. Elle alla même jusqu'à faire publier les bans à l'insu du prince, lequel, ne songeant pas le moins du monde à elle, n'en voulait qu'à sa sœur, Marie de Balzac d'Entragues. Toutefois, il n'en était pas aimé : le favori était Bassompierre, qui passait toutes ses nuits avec elle.

La marquise parvint à ses fins : le roi devint jaloux. On l'avait instruit, en effet, qu'on voyait chaque nuit un homme entrer à l'hôtel d'Entragues où vivaient les trois femmes, la mère et ses deux filles, et il avait toutes raisons de penser, puisqu'on lui avait mis cette idée en l'esprit, que c'était le duc de Guise qui s'allait divertir avec son infidèle maîtresse. Il chercha donc à s'en éclaircir par lui-même ; mais l'étonnement dans lequel il vit le duc, aux premières paroles qu'il lui en dit, guérit entièrement le roi de ses soupçons. Et Henri IV en fut si rassuré qu'il demanda au duc de trouver le fin mot de ces visites nocturnes.

Le soir même, plusieurs des domestiques du duc ayant été apostés, on vit entrer chez la marquise un personnage qu'on ne put reconnaître tant il s'enveloppait dans son manteau. Tout ce que purent apercevoir les espions, fut l'ordre du Saint-Esprit qu'il portait sur lui, pour la simple raison que Bassompierre, ayant soupé chez Bellegarde, lui avait emprunté son manteau, car la pluie s'était mise à tomber au moment qu'il s'acheminait vers sa bien-aimée.

Les domestiques vinrent aussitôt rendre compte au duc de Guise, disant qu'ils avaient vu entrer un jeune chevalier par la porte de derrière, sans pouvoir faire aucun jugement sur sa personne. Le duc leur commanda de demeurer en faction, et de surveiller la sortie de celui qu'il tenait pour son rival assuré. Mais Bassompierre, qui n'avait pas été sans s'apercevoir qu'il était espionné, prit tant de précautions pour qu'on ne sût qui il était, que les autres ne purent, lorsqu'ils vinrent faire leur rapport, en dire plus qu'ils n'en avaient dit la première fois.

Rêvant longtemps sur cette aventure, le duc de Guise estima, à cause de cette décoration du Saint-Esprit, qu'il ne pouvait s'agir que de Bellegarde ; et se montrant plus jaloux que le roi, il allait dès le matin chez Bellegarde.

On lui répondit que le chancelier n'était point visible, à cause d'une rage de dents qui l'avait tenu toute la nuit en éveil. Il n'en fallait pas davantage pour confirmer le duc dans ses soupçons et pousser à bout sa jalousie : il était patent que Bellegarde, après s'être mis en mouvement toute la nuit, ne pouvait, le jour venu, que réparer ses forces par le sommeil.

Le duc passa ensuite chez Bassompierre, qu'il trouva au lit (tant il avait besoin de repos) et qui le reçut en robe de chambre. Il lui confia le sujet de ses inquiétudes ; et Bassompierre, se croyant découvert, préféra d'abord garder le silence.

— Croiriez-vous, marquis, lui demanda le duc, que le grand écuyer est mieux que vous, et même mieux que personne, dans l'esprit de Mlle Marie d'Entragues ? Et que diriez-vous si l'on vous assurait qu'elle partage toutes ses nuits avec ce cavalier ?

— Je vous dirais, Monsieur, que c'est un conte, répondit froidement Bassompierre. Il n'est pas possible que cela soit, et je sais que ces deux-là ne s'aiment ni l'un ni l'autre.

— Que l'on croit aisément ce que l'on souhaite ! repartit le duc. Il n'y a pas longtemps que j'étais prévenu en sa faveur comme vous l'êtes à présent. Soyez certain, et je le sais, que M. le Grand a passé cette nuit avec elle et qu'il n'en est sorti qu'à quatre heures du matin. On le vit entrer, et mes valets de chambre remarquèrent qu'il se mettait si peu en peine de cacher son bonheur, qu'il ne s'est pas soucié de dérober aux regards la croix de l'ordre qui était à son manteau.

— Comment est-ce possible ? demanda Bassompierre qui, en vérité, ne savait quelle autre réponse faire au duc.

— Je ne sais, Monsieur. En tout cas, la chose est avérée.

A ce moment, Bassompierre, voyant que le manteau de Bellegarde était encore là, jeté sur un siège, avec la croix de l'ordre bien en évidence, eut peur que le duc ne l'aperçût. Aussi, ayant habilement détourné l'attention de son visiteur, il se rapprocha du siège à reculons, et s'y laissa choir.

Cependant, le duc, dont l'esprit était en proie à l'agitation, marchait à grands pas ; et, pour que sa nervosité fût moins visible, il voulut engager Bassompierre à se lever et à aller et venir avec lui dans la pièce. Bassompierre résista tant qu'il put, quand bien même l'autre le prenait par le bras ou la main pour l'entraîner avec lui ; jusqu'à ce que, par bonheur, un domestique, qui savait le secret de son maître, eut l'idée, profitant de ce que le duc avait le dos tourné, de venir prendre le manteau sur lequel Bassompierre s'était assis.

— Oh ! que les amoureux sont faciles à tromper ! dit Bassompierre à Bellegarde après lui avoir raconté la scène.

— Et comme il faut nous réjouir, pour une fois, que nos domestiques écoutent aux portes. Mais comment prit fin l'entrevue ?

— Je continuai de faire l'étonné et pestai de tout mon cœur contre la légèreté du sexe en général, et en particulier contre Mlle Marie d'Entragues, que je traitai de caméléon. Le duc ne manqua pas d'approuver mes propos ; puis, après quelques paroles amères sur le sujet de l'inconstance des femmes, il sortit.

Sans perdre de temps, Bassompierre se rendit chez sa maîtresse pour l'informer de l'erreur dans laquelle était le duc. Fine mouche, Marie ne se fit pas faute, à la première occasion, et en présence du duc de Guise, de faire à Bellegarde mille signes d'intelligence qui, aux yeux de l'observateur le plus innocent, trahissaient son manège amoureux. A la fin, rongé par le dépit, le duc s'approcha de Bellegarde pour le railler.

— Que voulez-vous, Monsieur, on n'est point maître de son cœur, répondit Bellegarde, qui se trouvait bien aise de confirmer le duc dans ses soupçons.

Puis le duc, s'approchant de Bassompierre :

— Cette femme se joue de vous, ne le voyez-vous pas ?

— A cela, je ne répondis rien, dit Bassompierre à Bellegarde, et me contentai d'ouvrir des yeux étonnés. Comme vous pensez, quand je rendis compte de cette conversation à Mlle d'Entragues, elle s'en amusa fort, et elle me pria de continuer sur le même ton. Elle me fit valoir que nous y trouverions, elle et moi, tous les avantages qu'on en pouvait espérer, en ce qu'à la faveur de cette équivoque, tout retomberait sur vous, Bellegarde !

— Vous pouvez charger, l'âne a bon dos !

De nouveau, les deux hommes rirent de leur malice.

Roger de Saint-Lary et de Termes, duc de Bellegarde, était grand écuyer de France, dont l'appellation ordinaire était celle de « M. le Grand ». Bellegarde était un homme de belle taille, avec un port agréable. On lui faisait la réputation d'aimer la compagnie des jeunes gens, sans doute parce qu'il avait été l'un des « mignons » de Henri III, auquel il s'était montré fort dévoué, allant jusqu'à recruter les gentilshommes des Quarante-Cinq qui assassinèrent à Blois le duc de Guise, mais ne pouvant empêcher le moine ligueur Jacques Clément de plonger son couteau dans le ventre du souverain alors qu'il était sur sa chaise d'affaires avec la chemise troussée.

Bellegarde était amateur de bonnes fortunes, et il s'en vantait jusqu'à s'attribuer parfois celles qu'il n'avait pas eues. Il est vrai aussi que, pourvoyeur des maîtresses du roi, il lui arrivait de partager leurs faveurs avec le prince. C'est ce qui s'était passé avec la belle Gabrielle d'Estrées, quelque dix ans plus tôt ; et le roi devint si jaloux du manège de son rival, qu'il chargea un jour M. de Praslin de le daguer ; mais ce dernier ayant eu l'esprit de faire beaucoup de bruit en venant exécuter sa mission assassine, Bellegarde eut le temps de se sauver.

Quant à François de Bassompierre, il était né dans une famille de bonne et vieille noblesse, alliée aux ducs de Lorraine. Son père, qui avait été un grand ligueur en même temps qu'un amateur de femmes, était mort assassiné, sur le sujet d'une amourette, par des hommes travestis et affublés de jupons. Après avoir couru les routes d'Italie et souri aux belles filles brunes qu'il rencontra sur son chemin, l'élégant cavalier arriva à la cour de

France, où Henri IV, un peu lassé des humeurs chagrines de Sully, accueillit ce nouveau compagnon qu'il sentait prêt à toutes les escapades.

En peu de temps, Bassompierre devient, avec Bellegarde, l'un des familiers les plus fidèles du prince, et il se montre l'un des gentilshommes les plus brillants de la cour. Il a le corps souple, des yeux vifs dans un visage racé, des cheveux abondants et bouclés, une fière barbiche sur un vaste collet de dentelle. C'est le type même du courtisan, qui sait se plier aux désirs de chacun et flatter tout le monde, sans excès toutefois. Il connaît l'art de danser, il est habile au jeu, il ne dédaigne pas de se battre, bien qu'il réprouve la pratique des duels, il aime à faire l'amour et il traite tout à la légère, y compris les choses les plus graves. Et, comme il a du sang aux ongles, le cœur bien assis et qu'il ne s'embarrasse pas de vains scrupules, son esprit de décision le sert en toutes choses, aussi bien sur le champ de bataille que dans les intrigues des ruelles et des cours.

Bassompierre est de toutes les fêtes ; il ne songe qu'aux bals et aux ballets, aux courses de bague et aux combats de barrière. Enfin, pour tromper le temps que lui laisse cette existence assez désordonnée, il joue aux cartes ; et, que ce soit à la prime, au reversis ou encore à l'écarté, il tire revenu de ses gains — cinquante mille écus par an ! — pour entretenir le train de sa maison, qui est considérable. Il lui arrive aussi, lorsqu'il court sa chance avec le roi, de le laisser gagner, rien que pour faire plaisir au monarque, qui a horreur de perdre. Il est vrai aussi que Henri IV triche souvent au jeu, et que son adversaire a le bon goût de ne pas s'en apercevoir.

A tous ses dons, Bassompierre (qui était, comme il disait, en fleur de jeunesse) ajoutait une tendance naturelle au plaisir d'aimer les femmes, encore que les mauvaises langues pussent assurer qu'il ne leur faisait guère de mal, n'étant pas grand abatteur de bois. Mais, comme il était élégant et bien fait de sa personne, et qu'il avait de plus toutes les séductions de l'esprit, l'on pouvait dire de lui, dès sa jeunesse, qu'il était l'homme de son temps qui avait eu le plus de bonnes fortunes.

Bientôt, le duc de Guise ne manqua pas d'instruire la duchesse douairière, ci-devant Marie Touchet, maîtresse du roi Charles IX, du commerce qu'avait Marie avec le grand écuyer, dans le même temps que le roi reprochait à sa maîtresse, Henriette, les visites nocturnes du même Bellegarde.

— Cela fut cause, poursuivit Bassompierre, que Mme d'Entragues observa sa fille de plus près. Or, un matin qu'elle tirait la courtine pour cracher, elle aperçoit le lit de Marie découvert, mais vide. Soupçonnant quelque intrigue amoureuse, elle se lève incontinent, passe dans sa garderobe, d'où elle voit que la porte de l'escalier dérobé, qu'elle croyait condamnée, était ouverte. Elle appelle, elle crie. Et sa fille, entendant sa voix, saute du lit où elle était avec moi et va vers elle. Mme d'Entragues régale d'abord Marie de quelques soufflets ; puis, quand sa colère est un peu apaisée, elle mande ses gens pour enfoncer la porte que j'avais eu l'esprit de fermer, afin d'avoir le temps de m'habiller et de me sauver. La porte une fois ouverte, Mme d'Entragues s'élance dans l'escalier jusqu'au premier étage ; et, si elle demeure fort étonnée de n'y trouver personne, elle l'est plus encore de voir la chambre de nos rendez-vous si magnifiquement meublée.

— Ce contretemps, pour fâcheux qu'il dut être, n'a pas mis fin pour autant à votre commerce ?

— Non, car l'amour ne manque pas d'expédients en pareil cas ; et, l'imagination aidant, nous avons trouvé le moyen de nous voir ailleurs avec plus de sûreté.

— La jeune Charlotte de Montmorency vous est promise ? demanda sans transition Bellegarde.

— Oui-da, repartit vivement Bassompierre avec un soupçon d'inquiétude. Elle ne l'est point, comme on dit, depuis l'enfance, mais seulement depuis ce soir où je fus convié à un dîner chez Zamet par les ducs d'Épernon et de Roquelaure. C'est après le repas que le connétable, en disgrâce depuis longtemps et qui ne paraissait plus à la cour, me demanda si je voulais être son fils.

— Je ne cesse de vanter les charmes de Mlle de Montmorency au roi, mais il ne semble pas qu'il ait prêté attention jusqu'alors à ce nouveau soleil qui éblouit la cour.

— Plût au ciel qu'il ne lui vienne pas l'idée de cueillir ce beau fruit !

— Rassurez-vous, mon ami. Le roi a pour l'heure d'autres affaires en tête. Et sa santé décline, à ce qu'on dit. Il a des rétentions, et je gage qu'il ne veuille se mettre présentement d'autres affaires sur les bras.

— Au reste, nous serions déjà mariés, si le connétable n'avait eu la fâcheuse idée d'être retenu chez lui par une attaque de goutte ! D'ailleurs, le roi ne m'a-t-il pas fait déjà son cadeau de mariage en me donnant la charge de premier gentilhomme de la chambre ?

— Sans doute, mais le titulaire de cette charge, le duc de Bouillon, a trouvé mauvais que le roi ait pu en disposer sans son agrément.

— Oui, oui, je sais aussi ce qu'a dit le duc : « J'y brûlerai mes livres, mais Bassompierre n'aura ni ma charge ni ma nièce ! »

— Sans doute, répéta Bellegarde. Vous ne sauriez ignorer aussi que le duc de Bouillon engage le roi à faire épouser Charlotte de Montmorency par son parent, le prince de Condé, assurant que Henri IV ne consentirait pas que le premier prince du sang se mariât avec une fille de la maison de Guise, les souvenirs de la Ligue étant encore trop récents.

— En cette circonstance, le duc de Bouillon, qui est un homme turbulent et vindicatif, ne songe ni à sa nièce ni à Condé, mais bien plutôt qu'à me nuire !

— A moins qu'il ne veuille flatter une passion que le roi pourrait avoir pour la jeune Charlotte ?

— Vous qui avez l'oreille du roi, gardez-vous bien, Bellegarde, de l'engager dans cette voie !

2

Le ballet des nymphes de Diane

Au début de l'année 1609, Henri IV est en froid avec Marie, qui n'a pu souffrir sans déplaisir que le roi ait voulu faire danser sa dernière maîtresse, la comtesse de Moret, dans un ballet qui sera donné par la reine pour le carême-prenant. Henri s'est incliné. Toutefois, il boude les préparatifs de ce divertissement auquel il ne veut prendre aucune part, mais qui occupe toute la cour. Pendant des semaines, on s'y dispute des rôles, on cherche à paraître dans des entrées. Et, cependant qu'avec fièvre, tailleurs, costumiers, accessoiristes, mais aussi menuisiers et peintres s'affairent, s'efforçant d'être partout à la fois où l'on a besoin d'eux, Henri IV se retire dans son cabinet, comme s'il voulait demeurer étranger à ce remue-ménage.

Ces répétitions avaient lieu durant l'après-dînée dans la galerie du bord de l'eau récemment ouverte, et qui reliait le Louvre, situé dans la ville, au château des Tuileries, où l'on pouvait se croire à la campagne. L'année précédente, Henri IV, recevant l'ambassadeur d'Espagne, don Pedro de Tolède, venu à Paris avec un grand train, lui demanda si son frère, Philippe II, en son Escurial, avait des promenades de cette longueur. « On dit que je suis chiche, répliquait le roi à ses familiers, mais je fais trois choses bien éloignées d'avarice, car je fais la guerre, je fais l'amour, et je bâtis. »

Cette galerie ne mesurait pas moins de deux cent quarante toises. Bruissante de monde à toute heure du jour, elle était le lieu choisi aussi bien pour des réceptions que des divertissements de toute sorte : on y avait même donné une partie de chasse au renard.

Or ce jour-là, la grande galerie était livrée à ceux qui préparaient le ballet de la reine, soit qu'ils eussent à y paraître, soit qu'ils fussent les auteurs de son livret ou de sa musique ou les artisans de sa mise en scène, de ses décors ou de ses costumes.

Incommodé d'ordinaire par le bruit, le monarque avait commandé que la porte de son cabinet fût close en permanence. Or, il se trouva pour une fois qu'elle était restée ouverte. Henri IV, agacé, se leva ; mais, au lieu de refermer l'huis, il risqua un regard dans la galerie, dont l'animation était extraordinaire.

C'était une fête pour les yeux que d'apercevoir ces habits aux vives couleurs, ces pourpoints de soie resplendissant de l'éclat des bijoux et des perles, ces coiffures ornées de panaches majestueux ou surmontés de bouquets de plumes d'autruche ; un plaisir pour les sens d'entendre les sons graves des violes se mêlant aux plaintes langoureuses des violons et des luths ; un régal pour l'esprit enfin, de surprendre les apprêts de ce divertissement princier dont les représentants de la fine fleur de la noblesse seraient les acteurs.

Henri IV fit quelques pas hors de son cabinet ; déjà, la beauté du spectacle avait chassé sa mauvaise humeur ; jetant ses regards de tous les côtés, il souriait même en voyant des danseurs vêtus comme des pachas orientaux ou déguisés en princes indiens esquisser de savants entrechats, dans un espace mesuré par les allées et venues de guerriers cuirassés et casqués à l'antique, et agitant à bout de bras de lourdes rapières ; ou encore le défilé de gentilshommes travestis en personnages grotesques, et se croisant avec de belles dames au visage masqué et à la gorge dénudée. Ce qui l'amusait le plus, justement, était de mettre un nom sur certains de ces seigneurs des plus huppés de la cour, et qui semblaient avoir pris le plus grand soin de dissimuler leurs traits habituels ; et il était occupé à ce jeu fait de suppositions et de conjectures, quand il entendit, derrière lui, Bellegarde demander :

— Est-ce point beau, sire ?

— Charmant, en effet.

Toutefois, l'instant d'après, il se renfrogna :

— Mais c'est le ballet de la reine, ce n'est pas le mien.

Et, pour n'en point dire davantage, il s'avança dans la galerie, se glissant entre les groupes et se faufilant dans la presse, sans se soucier des coups de coude qu'il recevait parfois dans les côtes au passage, ou de ce qu'on lui marchât sur les pieds avec aussi peu de ménagement qu'on eût fait avec un homme de rien. Et, lorsqu'on prêtait attention à sa présence, il répondait avec grâce, le sourire aux lèvres, aux saluts qu'on lui adressait, comme il inclinait le torse aux révérences qu'on lui faisait.

A un moment, il se vit entouré de jeunes femmes qui marchaient devant lui ou à ses côtés d'un pas léger, comme si elles eussent été portées par un nuage ou poussées par le zéphyr. L'une d'elles faisait mine de lancer son javelot par-dessus sa tête vers une cible invisible ; puis ses voisines l'imitaient, cependant que d'autres, avant de reproduire ce geste, pouffaient de rire, le trait à la main. Tout en marchant du même pas qu'elles, le roi attachait ses regards sur la blancheur des épaules, la forme parfaite des corps, la blondeur dorée des chevelures, la caresse des sourires, et se sentait vaincu par la grâce infinie qui émanait de tous ces êtres juvéniles.

Soudain, l'une de ces filles de Diane s'étant retournée, il se trouva en face d'une jeune femme à demi dévêtue sous des voiles diaphanes : elle avait les pieds chaussés de cothurnes, sans doute pour se grandir, car elle devait être encore une enfant ; son front était ceint d'un diadème, et elle portait en écharpe un carquois dont elle avait tiré une flèche dorée qu'elle tenait à la main. Dans sa surprise, le geste figé et immobile comme une figure de marbre, elle demeura ainsi, ouvrant de grands yeux étonnés et la pointe de son trait dirigée vers la poitrine du roi.

— C'est Mlle de Montmorency, dit Bellegarde à l'oreille du roi. Ne la connaissiez-vous point, sire ? ajouta-t-il en s'en étonnant quelque peu.

— Si fait, Bellegarde.

— Je vous l'avais bien dit, sire. Cette enfant est d'une beauté admirable. Elle est revêtue de toutes les grâces...

— Oui, oui.

— ... même lorsqu'elle laisse une partie de ses habits.

A ce trait, Henri ne répondit pas. Il ne pouvait détacher ses regards de la jeune fille. Il était comme foudroyé d'amour, et il avouera ensuite qu'à cet instant, il avait failli tomber en pâmoison.

Mais soudain, le charme fut rompu : le moment de surprise passé, Charlotte adressa au roi un sourire mi-grave, mi-enjoué ; puis, sur une révérence qu'elle lui fit et qui permit à Henri d'admirer la courbe achevée des épaules et la beauté naissante de la gorge, elle s'envola comme un oiseau.

Henri IV, se haussant sur la pointe des pieds, la suivit des yeux, jusqu'à ce qu'un nouveau cortège de gentilshommes habillés de plumes la dissimulât à sa vue. Il resta longtemps ainsi dressé de toute sa taille, bousculé par les uns, poussé par d'autres, entraîné parfois en tous sens, cherchant à apercevoir encore dans la galerie celle qu'il avait tenue sous son regard, et maudissant à présent en esprit la multitude qui lui avait ravi cette apparition de quelques instants.

De nouveau, les embarras que causaient les répétitions dans la galerie du bord de l'eau l'importunaient ; et le bruit continu, fait par les pas des danseurs, le son des instruments, les strophes qu'on déclamait aussi bien que les ordres lancés de côté et d'autre par des petits maîtres de ballet — tout, les chants, les rires, et jusqu'au moindre des propos échangés et dont des bribes égarées parvenaient à ses oreilles, incommodait le roi ; tant sa pensée, déjà, n'était plus occupée que par celle dont, en s'en retournant à son cabinet, il murmurait le nom : Charlotte de Montmorency.

3

Charlotte de Montmorency

Lorsque Charlotte de Montmorency parut à la cour, ce fut comme un soleil qui, par son éclat, effaça toutes les autres beautés. Chacun eut soudain les yeux fixés sur ce nouvel astre, et cette belle eut autant d'adorateurs qu'il y avait de galants à la cour.

Elle n'était âgée que de quinze ans à peine quand le roi la remarqua ; et il peut paraître surprenant que ce prince si voluptueux ait été le dernier à observer, à l'instar des jeunes et des vieux courtisans, l'arrivée de cette nouvelle aurore.

La blancheur de son teint était si admirable, qu'elle n'avait pas besoin de la relever par le recours à des artifices féminins. Ses yeux vifs et remplis de tendresse en inspiraient aux plus indifférents, et il n'y avait point de traits dans son visage qui ne fussent formés par les grâces ; le son caressant de sa voix, comme son maintien et ses moindres gestes, avaient un charme qu'on pouvait d'autant moins se défendre d'admirer, qu'il était visible que la nature avait comblé la jeune fille de tous ses dons. Henri IV surtout était sensible à cette oreille si fine, si délicate, qu'il devinait plus qu'il ne l'apercevait, derrière ses cheveux blonds ; et ce sourire, si juvénile, presque enfantin, qui laissait voir par intervalles des dents parfaitement blanches, tout comme ses mains aussi, petites et mignonnes, le transportaient de bonheur.

Sa beauté, enfin, était si miraculeuse, que Charlotte passait, aux yeux de certains, pour être ensorcelée et avoir la puissance d'ensorceler comme sa mère.

Charlotte-Marguerite de Montmorency faisait partie de l'une des plus illustres et des plus anciennes familles du royaume, qui avait donné à la France, quelques siècles plus tôt, ses premiers « barons ». La jeune fille avait pour père Urbain de Laval de Montmorency qui, dans le parti adverse, combattit d'abord le roi à Ivry, avant de se rallier à Henri IV, d'être fait maréchal de France, puis de commander les troupes envoyées par Louis XIII contre les princes révoltés. Il s'était remarié sur le tard à Louise de Budos, alors célèbre par sa beauté, et pour laquelle Henri IV eut, dit-on, un commencement de passion. Louise mourut à Chantilly, d'une mort étrange ; et l'on assurait que le diable, dont elle tenait, à n'en pas douter, sa surprenante et dangereuse beauté, l'avait étranglée.

4
La nuit des rois

La cour de France n'était pas si grande que le roi ne pût faire en sorte que Charlotte de Montmorency ne se retrouvât bientôt sur son passage.

Cela arriva le soir même. La jeune Diane avait laissé ses voiles diaphanes et son diadème de carton doré pour des habits plus ordinaires ; elle n'avait plus son carquois au côté et ne brandissait plus vers le roi sa flèche acérée. Mais elle était toujours aussi charmante quand le prince l'aborda. Après qu'elle lui eut fait une profonde révérence :

— Êtes-vous contente d'épouser Bassompierre ? demanda-t-il avec brusquerie. S'il devait en être autrement, je romprais ce projet.

— Puisque c'est la volonté de mon père, sire, je m'estimerai fort heureuse avec lui.

Le roi se contenta de cette réponse qui, à dire vrai, n'en était pas une. Dès cet instant, pourtant, sa détermination fut prise : Charlotte de Montmorency n'épouserait pas François de Bassompierre.

Le soir venu, Henri se retira dans sa chambre,

laquelle était en fait son cabinet : il y avait fait aménager une alcôve en bois sculpté et doré, avec un balustre cintré et un entour de lit chamarré de passements et de franges, délaissant ainsi la vaste chambre de parade, dans le grand pavillon donnant sur la Seine, dont les murs étaient tendus de magnifiques tapisseries rehaussées d'or et de soie, et le meuble recouvert de velours cramoisi. Dédaignant le cérémonial fixé par son prédécesseur pour le coucher de Sa Majesté, il se sentait plus à l'aise dans cette pièce assez resserrée, dont l'ornementation certes était moins riche, et qui communiquait, par une porte située sur la gauche du lit, avec les appartements de Marie.

Ce soir-là, c'était au tour de M. de Gramont de faire la lecture au roi : il partageait avec Bassompierre ce privilège ; et, comme le gentilhomme, jugeant le moment venu de tenir son rôle, s'asseyait sur le bord d'une chaise en face du souverain, Henri, tout à ses pensées, fit d'abord un geste comme pour chasser une chose importune, et dont l'autre ne parut pas saisir la signification. M. de Gramont ouvrit donc le livre à la page qu'avait lue Bassompierre la veille.

Ce Gramont n'était autre que le fils de Diane d'Andoins, qui fut la maîtresse du roi de Navarre sous le nom d'emprunt de Corisande : c'était celui d'une héroïne de ces ténébreux romans dont elle se nourrissait avec ses familiers dans ses châteaux de Guyenne. Mais à présent, Henri était las des aventures des chevaliers de la Table Ronde ; et, délaissant Amadis de Gaule pour *L'Astrée*, alors fort à la mode, il prenait plaisir à s'imaginer dans le rôle du berger Céladon.

Pourtant, à peine Gramont avait-il lu une page, que le roi le priait de s'arrêter.

— Sire, je vois bien que vous ne prêtez guère attention à ma lecture, et que des soucis obscurcissent votre front. Préférez-vous que nous remettions à plus tard...

— Oui, oui, nous aviserons. Demeurez près de moi toutefois, ou tenez-vous dans la chambre voisine.

— Êtes-vous souffrant, sire ? Et à quoi pourrais-je m'employer pour vous être agréable ?

— Hormis la goutte qui ne me laisse que de courts répits, je ne souffre de rien d'autre chose que d'être vieux.

— Allons ! sire, se récria Gramont. Combien de seigneurs parmi nous vous envient d'être allant et entreprenant en tout comme vous le montrez ! Et je le disais hier encore à Bassompierre, lequel estimait à raison que vous aviez de la santé à revendre...

— Laissons cela, mon ami, et ne m'accablez pas par de vaines paroles de courtisan.

M. de Gramont se redressa, le livre encore à la main.

— Sire, je dis les choses par leur nom et, pour trancher le mot, je ne vous donne point de l'eau bénite de cour.

Henri resta un long moment rêveur, laissant debout le gentilhomme qui ne savait quelle contenance prendre, embarrassé qu'il était par ce silence.

Puis, à mi-voix :

— Je suis brisé, dit-il.

— Voulez-vous que je fasse mander votre médecin, sire ?

— Non, car la science de cet homme-là ne saurait me guérir du mal dont je souffre.

— De quel mal s'agit-il donc, qu'on n'en puisse venir à bout ?

— Je suis amoureux, Gramont.

— La belle affaire, sire ! Voilà un rôle que vous avez l'habitude de tenir de façon assez brillante, et dans lequel personne, pas même Bassompierre ou Bellegarde, dont la réputation en ce domaine est pourtant fondée, ne pourrait vous en remontrer. Allons ! je gage que, dans cette occurrence, nul ne saurait se rendre plus habile que vous, et que vous sortirez vainqueur une fois de plus de ce combat.

— Non, mon ami, la lutte est cette fois par trop inégale, et il est des batailles qu'on ne saurait gagner, quand bien même toutes les forces seraient de notre côté.

A bout de ressources, Gramont, à tout hasard, proposa :

— Faites venir Chicot. Il saura vous distraire de vos vilaines pensées.

— Non, car les fous ne font rien d'autre que de nous débiter des préceptes de sagesse. Or moi, je ne veux point être sage, et j'entends me complaire dans ma folie.

M. de Gramont n'insista pas. Il se retira à reculons, non sans avoir renouvelé à son maître son offre de le servir, et lui avoir souhaité une bonne nuit.

— Je pressens que cette nuit sera longue, dit Henri dans ses dents.

Il congédia aussi Lafleur, qui avait passé la tête, en lui commandant d'emporter les flambeaux, dont il n'avait que faire, et ajoutant qu'une chandelle suffirait bien pour le veiller.

Puis, ayant laissé ses habits, il passa sa chemise longue en toile de Hollande, se coiffa d'un bonnet de nuit de velours orangé, et se mit au lit.

Après avoir éprouvé d'abord un délassement de tout son corps, il crut que le sommeil allait le prendre, et il s'y laissait aller. Mais, comme quelque chose en lui faisait résistance, il se trouva bientôt travaillé par deux forces contraires ; et, tiraillé tantôt par l'une, puis par l'autre, il sortit, au bout d'un temps assez long, exténué de ce combat où il ne jouait pourtant qu'un rôle passif.

Il appela Lafleur ; il lui commanda d'apporter un oreiller de plus, puis d'en ôter deux autres ; ensuite, il se battit avec chacun d'eux, les fouettant de la main ou les martelant du poing, et les accusant tantôt d'une mollesse coupable, tantôt d'une dureté excessive.

Rien n'y fit : il se prépara à veiller.

Il songea à faire revenir M. de Gramont. Il y renonça : les amours du berger Céladon lui parurent trop platoniques.

Il écouta sonner les heures à l'horloge du Louvre, attendant chaque fois que tombent, avec une lenteur exaspérante et grave, les coups fatidiques. Puis il entendit dans la cour le cri des archers annonçant la fermeture des portes et l'extinction des feux dans tout le logis royal.

Il se sentait comme prisonnier dans son lit : il en ouvrit en grand les courtines de damas blanc. Il eut alors sous les yeux, entre les colonnes du dais, la chambre entière, dont la majeure partie était noyée dans l'ombre. Seule, sur la table, la flamme de la chandelle brillait, tel un cœur renversé, dont la pointe se terminait par un long filet de fumée noire. Tantôt droite et immobile, elle s'affaissait par moments sur elle-même, comme écrasée par une force invisible, ou bousculée par le souffle perfide de quelque vent coulis ; puis elle se redressait, encore vacillante et mal assurée, projetant des reflets sur les glaces de miroirs enchâssés dans des cadres d'ébène ou rehaussés de pierreries qui brûlaient alors de mille feux. Parfois aussi, avant de retrouver son immobilité, la flamme faisait danser, aux murs et sur les caissons du plafond, des ombres fantastiques.

Enfin, sur la gauche, avant la porte menant aux appartements de la reine, la lueur rougeoyante d'un feu qui s'éteint mais couve encore sous la cendre chaude, ne cessait de tirer l'œil du roi. Il attacha longtemps ses regards sur cette braise, s'imaginant qu'à force de patience, il la verrait diminuer d'intensité, et s'amusant aussi, en fermant un instant les yeux, à la voir renaître, cette fois inscrite derrière ses paupières, sous la forme de deux taches blanchâtres.

A présent que ses regards se faisaient à la pénombre, il les promenait de côté et d'autre dans la chambre, sur un bahut de cèdre et un cabinet florentin rangés contre la muraille, sur les chaises à bras et un cancan qui, disposés en demi-cercle, avaient l'air de poursuivre une conversation commencée depuis des heures, sur les carreaux de velours ou de satin rehaussés d'or et jetés négligemment au bas du lit, sur un grand tapis de Turquie aux motifs entrelacés, sur la chaire d'affaires sculptée et ornée du double écusson de France et de Navarre, ou encore sur les portraits des rois précédents qui, vus ainsi obliquement aux murs, avaient des visages tout déformés.

— Dire qu'il me faudra quitter tout cela !

Il se tourna et se retourna dans son lit. Pas plus d'un côté que de l'autre, il ne se trouvait à son aise. Qu'il fût assis, à demi allongé, ou couché en chien de fusil ; qu'il eût les yeux ouverts ou les paupières abaissées, l'image de Charlotte de Montmorency ne le quittait plus. Elle se mêlait même à présent à celles d'autres jeunettes qu'il avait connues à diverses époques de sa vie. C'était la « petite Fosseuse », qui n'avait pas quinze ans lorsqu'il la prit à Nérac ; encore ne se donna-t-elle à lui que pour échapper au duc d'Alençon qui, dès son arrivée en Guyenne, s'était enflammé pour elle. Enceinte, elle pria le roi de Navarre de la mener dans les montagnes du Béarn.

— Elle voulait y soigner son « mal d'estomac ».

Henri ne cessait de la gaver de sucreries : des massepains, des sirops, des confitures, des dragées, et Françoise de Montmorency-Fosseux aura eu le privilège d'être accouchée par une reine, Marguerite de Navarre, dont elle était la fille d'honneur. Mais elle ne mit au monde qu'une enfant morte.

C'était cette autre Charlotte, une enjôleuse de bonne naissance mariée à dix-sept ans au vieux baron de Sauves et qui, l'année suivante, reçut le commandement de la reine Catherine de Médicis de rendre heureux à la fois le roi de Navarre, son gendre, et « Monsieur », son fils, qu'elle avait donné pour compagnon à Henri, dans ces appartements du vieux Louvre où force était au Béarnais de se regarder comme prisonnier.

— Elle avait la cuisse longue, la fesse alerte, et ses tetins fermes et blancs emplissaient bien la main d'un gentilhomme.

C'était la vicomtesse de Duras, encore une fille d'honneur de la reine Margot, mais sa préférée, qui fut inondée d'encre un soir, et que Catherine de Médicis voulait faire passer de vie à trépas. Elle se donnera à Henri avec tant de facilité qu'il s'étonnera de la trouver pucelle.

— Je me gardais pour vous, sire, eut-elle l'esprit de lui dire.

C'étaient les sœurs de l'Épée, des jumelles, embarquées sur un esquif, qu'il prend l'une après l'autre et que leur mère, restée sur la rive, gronde d'avoir taché leurs robes ; la fille d'un sacristain, à qui il octroya la courtoisie dans le clocher, après qu'il en eut fait redescendre Biron, Rosny et Bellegarde en leur ordonnant de canonner les ligueurs ; cette demoiselle Laboureur, qui avait un teint de lait et le profil grec, à qui il fait l'amour dans la cabane de Maronjou, cependant que tintent alentour les sonnailles des troupeaux ; la petite Tignonville :

— Elle résista à mes assauts tant qu'elle ne fut pas mariée !

C'était encore la fille du jardinier de Nérac, qui allait toujours pieds nus et apportait chaque matin à la reine Jeanne le bouquet de fleurs qu'elle venait de cueillir. Elle avait nom « Fleurette »...

— Ha ! Ha ! s'écria Henri en se mettant sur son séant. A cause d'elle, j'aurais inventé un mot de la langue française ! *Fleureter, conter fleurette...*

La conquête de Fleurette Destarac n'avait pas été aisée, son père menaçant de la tuer si elle se conduisait mal ; elle se laissera pourtant embrasser, puis, honteuse et reconnaissante, laver les pieds par Henri lui-même.

— Il est vrai que nous avions quinze ans tous les deux !

Il se hâta d'ajouter :

— Toutefois, elle ne s'est point noyée de désespoir en se jetant dans un torrent, comme on l'a dit. Mais il est vrai aussi que j'ai été cause de la mort de l'une d'elles...

Elle s'appelait Esther Imbert et était la fille d'un avocat de La Rochelle.

— Comme son père rentrait à l'impourvue et la trouvait dans mes bras, il la gifla avec force. Je demandai la raison de ce geste. « Sire, je le fais parce que ma fille manque de respect à Votre Majesté. » Et je ne tardai point à la consoler en allant la rejoindre dans son lit.

Plus tard, à Saint-Denis, pressée par le besoin, elle voudra se jeter aux pieds du roi ; mais Henri, qui n'a pour lors que Gabrielle en tête, lui fermera sa porte, et Esther mourra dans la misère.

Il se souvenait aussi de cette jeune abbesse, Claude de Beauvillier, parente à la fois de Gabrielle d'Estrées et de Corisande. Elle n'avait que dix-sept ans lorsqu'il la connut, alors qu'il faisait le siège de Paris et que les bouches à feu de M. de Nemours ripostaient aux pièces qu'il avait installées sur la hauteur de Montfaucon. Henri alla rendre visite aux nonnes, et Catherine de Clermont, la mère supérieure, ne se montra pas non plus farouche.

Il y avait près de vingt ans de cela. Aujourd'hui, il était seul, dans son grand lit carré, et il n'avait pour le veiller que cette chandelle de cire qui se consumait à l'image de son existence.

Lui vinrent alors en mémoire des airs de cour de Bataille ou de Boësset, dont il se mit à chantonner les paroles, jugeant qu'elles convenaient à sa situation présente. C'était :

Plaignez la rigueur de mon sort...
... N'est-ce pas un cruel effort
Que, même en soupirant, il faille se contraindre,
Et souffrir, et souffrir jusques à la mort !

Ou encore :

N'espérez plus, mes yeux,
De revoir en ces lieux
La beauté que j'adore.
Le ciel, jaloux de mon bonheur...

— Oui, c'est bien cela, le ciel est jaloux de mon bonheur !

Et, au pied de son lit, il se mit alors à genoux, les mains jointes et la tête sur la poitrine. Il adressa au

Seigneur une courte prière, lui demandant de le laisser voir Charlotte toutes les fois qu'il lui agréerait, jurant qu'il ne voulait avoir avec elle d'autre commerce que celui de l'esprit, et qu'il ne lui ferait aucun mal. Après quoi, s'étant recouché et la tête renversée de nouveau sur les oreillers, il se trouva plus apaisé. A un moment même, il crut bien que le marchand lui ayant jeté son sablon aux yeux, il allait se laisser prendre dans ses bras comme un enfant.

Mais il n'en fut rien. La pensée lui était venue soudain qu'il lui faudrait faire son eau, et que, s'il ne s'en souciait pas tout de suite, l'envie l'en pourrait prendre dans son sommeil. Alors, adieu la voiture !

Il quitta donc son lit, enfila ses pieds dans ses pantoufles de velours noir et, d'un pas à demi assuré, alla vers la cheminée. Il ne l'avait pas atteinte que Lafleur se montrait avec un vase d'argent qu'il tendit au prince.

— Je n'ai que faire de cet ustensile qui est fort pesant à tenir d'une main tandis que j'aurai mon instrument de l'autre.

Il entra dans la cheminée et s'approcha des braises, qu'une cendre grise et comme argentée recouvrait presque entièrement. Enfin, ayant troussé à mi-corps sa chemise longue, qu'il enroula sur elle-même pour plus de commodité, il se prépara à une longue attente.

— Monsieur mon Vit, vous plaît-il ne point trop me faire languir, et rejeter votre eau dès que vous le pourrez ?

Ses yeux, maintenant habitués à l'ombre, distinguaient fort bien cette veine qui faisait saillie sur la verge et courait sous la peau en se ramifiant en plusieurs endroits.

— Qui voit ses veines, voit ses peines. Vous en ai-je baillé, de l'ouvrage, mon bel ami, dans toute ma vie passée ! Te souviens-tu de la boulangère de Saint-Jean-d'Angély qui, me voyant aller à cheval, me supplia de l'aider à ouvrir la porte de son four ? Et de cette demoiselle de Montaigu, une dame de haut parage, ma foi, mais qui ne voulait point de toi d'abord, disant que tu étais un grenier à morpions ! Et de la comtesse de Fonlebon, dont le mari guerroyait contre moi, et qui me céda parce que j'avais laissé son château intact ? Et de la vicomtesse de Saint-Magrin, qui devait avoir une fort belle gorge, pour que je lui déchirasse d'un coup sa robe ?

Il s'appuya d'une main au manteau de la cheminée.

— Mon vieux vit, te voilà recru de fatigues ! Voudrais-tu bien te redresser et faire le fier, au lieu de perdre cœur et t'enrouler sur toi-même comme un limaçon ? Comme tu étais haut à la main autrefois ! En toute occurrence, tu levais aussitôt la crête, tu t'écoutais pisser, tu te grossissais, tu te piquais d'honneur, tu t'enflais de gloire, et tu emportais toujours le dessus ! Rappelle-toi Jeannette, la charbonnière de Capchicot, dans cette forêt de mon Béarn où la nuit m'avait surpris. Tu lui rendis hommage, après que son mari m'eut fait goûter de la hure d'un sanglier braconné, en me demandant de n'en rien dire à Long-Nez, c'est-à-dire au roi de Navarre ! Comme tu étais allant et vaillant comme une épée quand, après cinq jours de lutte, étant tout sang et poudre, je pris Cahors d'assaut et, sans désemparer, la femme d'un apothicaire qui pansait mes fesses irritées par une longue course à cheval !

Il soupira et, en même temps qu'il changeait de main, il reposa le poids de son corps sur son autre jambe.

— Ventre Saint-Gris ! Feras-tu ton eau aujourd'hui ?

D'autres noms de femmes lui revenaient en mémoire ; puis il s'amusa à compter les abbesses et les duchesses qu'il avait eues.

— Mais je ne saurais oublier, car elles valent bien celles-là, têtebleu ! les bourgeoises, les marchandes, les aubergistes, les paysannes. Pour danser le branle gai et faire péter le boudin, j'ai su me contenter aussi de coureuses de rempart et de garces à chiens, comme celle dont je fis rencontre un soir, sur une rive de la Seine, où elle était aux prises avec les sergents. « Sire, elle accoste les passants et elle les détrousse ! — Eh bien, moi, je vais la trousser. » Je renvoyai les gens d'armes et, la fille me paraissant belle sous le linge, je me battis à coups de cul avec elle. Après quoi, reconnaissante, elle ne voulut point accepter l'argent que je voulais lui donner. Tout comme cette autre, qu'on appelait la Glandée, que je trouvai à moitié nue, à la lune et sur un champ de bataille où, depuis le matin, elle avait subi tous les assauts, d'une armée à l'autre. Après tout, cette malheureuse n'avait rien à envier à Mlle Davila, dite Dayelle, avec qui je m'amusai quelque temps, et qui, pour fuir Chypre qu'avait mise à sac le sultan Salim, avait dû, dans la même journée, dérouiller le braquemart de tous ses geôliers.

Il s'impatienta et tapa du pied :

— Seigneur, faites-moi pisser ! Et faites aussi que Charlotte soit mienne !

Dans la solitude de son Louvre et le silence de la nuit, tant de choses lui passaient en même temps dans la tête ; c'étaient, pêle-mêle, des souvenirs de batailles, des intrigues de ruelles ou de cour, à Paris ou à Nérac, dont certaines lui avaient fait abjurer sa foi, à plusieurs reprises, afin de monter sur le trône. S'il avait triomphé de tout, comment ne viendrait-il à bout d'une femme ?

Puis il se reprit :

— Seigneur, qui voyez tout ce qui est caché, soyez témoin que je ne nourris point de mauvais desseins envers Mlle de Montmorency, et que je l'aime seulement comme si elle était ma fille !

Et, l'instant d'après :

— Ouais ! j'ai dit cela aussi autrefois à la petite Fosseuse. Oui, Seigneur, je le confesse, je veux malignement tirer avantage de mes pensées honnêtes en les interprétant à ma guise, et faire tenir pour un acte de vertu ce qui n'est qu'une vilenie.

Il baissa la tête avec humilité et fléchit les genoux.

— S'il le faut, je mendierai son amour.

Et, se redressant :

— Et l'on ne saura rien me refuser, puisque je suis le roi !

Il songea de nouveau à ses amours passées et aux femmes qui avaient eu la force de lui tenir tête. Il y avait la duchesse de Nevers, qu'il ne put vaincre, alors qu'il avait pris La Rochelle à son mari ; Mme de Montpensier, sœur du duc de Guise assassiné à Blois ; elle boitait et était une des plus acharnées ligueuses ; Antoinette de Pons, marquise de Guercheville, une jeune veuve qui, pour échapper aux poursuites du roi, se réfugia dans son château de La Roche-Guyon. Sous le prétexte d'une chasse, et suivant sa stratégie amoureuse coutumière, Henri IV lui demande l'hospitalité. Elle répond que le roi lui fait beaucoup d'honneur, et qu'elle le recevra comme il mérite d'être reçu. Là-dessus, elle commande un magnifique souper, fait brillamment éclairer toutes les fenêtres du château, se revêt de ses plus beaux habits et, lorsqu'elle sait que le roi approche, elle va le recevoir à la grande porte, accompagnée de toutes ses femmes et des gentilshommes du voisinage, tout ce monde éclairé par des pages porteurs de flambeaux. Le roi est transporté de joie : il trouve Antoinette plus belle que jamais. Les ombres de la nuit, la lumière des torches, les diamants dont la marquise s'est parée, la surprise d'un accueil si favorable et si peu accoutumé, tout, chez lui, contribue à attiser la passion et à fortifier le désir. Mme de Pons prie alors Sa Majesté de monter dans ses appartements afin d'y prendre du repos ; elle le conduit même jusqu'à la porte de sa chambre ; et là, comme Henri veut s'effacer pour la laisser passer la première, elle lui fait une gracieuse révérence et se retire. Le roi croit d'abord qu'elle est allée donner ordre à la fête ; mais, comme il ne la voit pas revenir, il s'inquiète et, regardant par la fenêtre, il aperçoit Mme de Pons qui monte dans sa voiture. Il se précipite dans la cour : « Quoi ! Madame, je vous chasserais de votre maison ?

— Sire, un roi doit être maître partout où il est ; et pour moi, je suis bien aise de conserver quelque pouvoir dans les lieux où je me trouve. » Et elle s'en va coucher à deux lieues de là, chez une amie.

— Haïssable désir ! Mais est-il si haïssable d'aimer ? Et pourquoi chercher des prétextes, des fards, des excuses ? Quel orateur peut plaider contre la beauté ? Charlotte, tout à l'heure, m'a souri avec tant de douceur ; ses yeux se tournaient vers moi avec tant d'innocence ! Car elle interrogeait, pourtant, mes regards avides ? Arrière, crainte puérile ! Tu es le lot des vieillards, comme la raison est l'apanage des rides. Non, jamais mon cœur ne contredira mes yeux ! Si tenace est mon vouloir, que contre lui, la raison débile ne pourra rien ! Quoi ! mon désir croît comme les ombres emplissent la nuit, comme le vent tord la cime des arbres, comme l'onde déferle sur le rivage !

S'effrayant soudain de ses coupables pensées, il voulut y mettre un frein :

— Qu'aurai-je eu, si je conquiers ce que je cherche ? Et qui paierait d'une jouissance furtive de noircir à jamais la chaste robe de l'amour ?

Pourtant, mon cœur est consumé par un désir insane, et la difficulté ne fait que fouetter ce désir, car l'on n'obtient pas sans peine une chose précieuse. Et, quand tous les hasards se mettraient à la fois en travers de mon chemin, je vaincrai tous les obstacles : le flot reculera, les monts s'aplaniront, le vent courbera la tête et, si l'ombre me dissimule encore Charlotte, je ferai un trou à la nuit pour la retrouver !

Il tomba à genoux sur le sol de la cheminée. De nouveau, il se surprit à prier pour avoir sa proie, comme si le Ciel lui pouvait donner quitus de sa procédure et l'absoudre de son péché.

— Ô ses lèvres de corail, et cette fossette dans l'ivoire de sa joue !

Il se sentit las. Il ne voulait plus penser, surtout, à trois de ses maîtresses qui avaient occupé le plus de place dans sa vie. C'étaient Corisande — Diane d'Andoins, comtesse de Guiche, une orpheline abondamment pourvue d'argent, de terres, de châteaux ; Gabrielle d'Estrées, que Bellegarde, dont elle était éprise, lui présenta et que sa tante, Mme de Sourdis, chapitrait, lui disant : « On résiste au péché, mais non pas au roi » ; Henriette d'Entragues, enfin, la plus perverse.

— Mon pauvre vit, ne put s'empêcher de dire le roi en se relevant et troussant de nouveau sa chemise, celle-là t'a pris de toutes les façons !

Puis, fatigué d'attendre en vain ce qui ne venait pas, il se résolut à quitter la cheminée. Il s'avança à pas lents jusqu'à la table où, tout en s'éclairant à la chandelle, il prit un miroir à main :

— En vérité, je n'ai rien pour plaire aux dames. Je suis bas de cul, j'ai des mollets de coq, et je serais le premier à la foire aux nez. Je suis sale comme un peigne et, quand j'ai mon pourpoint déchiré, j'ai l'air d'un gardeur de lions. Mais j'ai les yeux friands et mon teint est vermeil. Suis-je point trop crû en âge ? Non, car je ressemble aux poireaux : j'ai la tête blanche et la queue verte. Et, dans ma poitrine, mon cœur bat le tambour ; et quelque chose me dit, comme à la guerre : « Vas-y ! Vas-y ! »

Il reposa le miroir.

— Bah ! les pensées ne sont que des rêves. Il suffirait que Dieu détourne la tête, le temps que je tienne Charlotte contre moi, et l'on ne me tiendrait pas compte de ce péché de ma vieillesse ! Après tout, si je veux la soumettre à mon désir, c'est parce que sa beauté me le commande !

Il prit à témoin les légions du Ciel :

— Que voulez-vous ! J'aime les femmes... Las ! Je suis toujours berné et rarement aimé, à ce que je crois. Mettrais-je trop de précipitation à obtenir ce que je veux, ou est-ce que j'étale trop d'or à la vue de ces femmes ?

Il fit quelques pas dans la chambre, s'amusant à suivre du regard, jusqu'à s'y perdre, les entrelacs du tapis de Turquie.

— Eh bien ! Finissons-en ! s'écria-t-il, sans trop savoir ce qu'il disait.

A ce moment, ô miracle ! un filet commença de s'écouler de son vit.

— Cette eau a eu bien de la peine à venir !

constata-t-il, tout au plaisir à présent de vider lentement sa vessie, d'abord sur le tapis de Turquie, puis, après qu'il eut fait deux pas, traînant les pieds dans ses pantoufles et le bas de sa chemise pris dans ses dents, contre la tapisserie qui masquait la porte des appartements de la reine.

5

Le matin des courtisans

Au matin, le roi envoya chercher Bassompierre par un garçon de la Chambre. Mais laissons parler Bassompierre, qui a raconté la scène dans son Journal :

« Il me dit qu'il n'avait su fermer l'œil et qu'il avait souvent pensé à moi ; puis, il me fit mettre à genoux sur un carreau devant son lit, où il continua à me dire qu'il avait pensé à moi et de me marier.

Moi, qui ne pensais rien moins qu'à ce qu'il me voulait dire, lui répondis :

— Sans la goutte de M. le Connétable, c'en serait déjà fait.

— Non, ce dit-il, je pensais vous marier à Mlle d'Aumale et, moyennant ce mariage, renouveler le duché d'Aumale en votre personne.

Je lui dis :

— Me voulez-vous donner deux femmes ?

Lors il me répondit après un grand soupir :

— Bassompierre, je te veux parler en ami. Je

suis devenu non seulement amoureux, mais furieux et outré de Mlle de Montmorency. Si tu l'épouses et qu'elle t'aime, je te haïrai. Si elle m'aimait, tu me haïrais. Il vaut mieux que cela ne soit point cause de rompre notre bonne intelligence, car je t'aime d'affection et d'inclination. Je suis résolu de la marier à mon neveu le prince de Condé, et de la tenir près de ma famille. Ce sera la consolation et l'entretien de la vieillesse, où je vais désormais entrer. Je donnerai à mon neveu, qui aime mieux, mille fois, la chasse que les dames, cent mille livres par an pour passer son temps, et je ne veux d'autre grâce d'elle que son affection, sans rien prétendre davantage.

Comme il disait cela, je considérais que, quand je lui répondrais que je ne voulais pas quitter ma poursuite, ce serait une imprudence inutile, parce qu'il était tout-puissant. Je m'avisai de lui céder de bonne grâce :

— Sire, j'ai toujours ardemment désiré une chose qui m'est arrivée lorsque je m'y attendais le moins, qui était, par quelque preuve signalée, témoigner à Votre Majesté l'extrême et ardente passion que je lui porte, et combien véritablement je l'aime. Certes ! il ne s'en pouvait rencontrer une plus haute que celle-ci, de quitter sans peine et sans regret une si illustre alliance, une si parfaite dame et si violemment aimée de moi ; puisque, par cette pure et franche démission et résignation que j'en fais, je plais en quelque sorte à Votre Majesté. Oui, sire, je m'en désiste pour jamais, et souhaite que cette nouvelle amour vous apporte autant de joie que la perte me causerait de tristesse, si la considération de Votre Majesté ne m'empêchait de la recevoir.

Alors le roi m'embrassa et pleura, m'assurant qu'il ferait pour ma fortune comme si j'étais un de ses enfants naturels ; et qu'il m'aimait chèrement, que je m'en assurasse, et qu'il reconnaîtrait ma franchise et mon amitié.

Là-dessus, l'arrivée des princes et seigneurs me fit lever ; et, comme il m'eut appelé et encore dit qu'il voulait me faire épouser sa cousine d'Aumale, je lui dis qu'il avait eu la puissance de me démarier, mais que de me marier ailleurs, je ne le ferais jamais. Et, là-dessus, finit notre dialogue.

J'allai dîner chez M. d'Épernon, et lui rapportai ce que le roi m'avait dit le matin, lequel estima que c'était une fantaisie du roi qui passerait comme elle était venue.

— Ne vous en alarmez pas, car M. le Prince, qui connaîtra le dessein de Sa Majesté, d'abord ne s'y engagera pas.

Ce que je me persuadai aussi, parce que je le désirais, et n'en dis plus mot à personne.

Il est vrai que, comme sous le ciel, il n'y avait rien de si beau que Mlle de Montmorency, ni de meilleure grâce, ni de plus parfaite, elle était fort dans mon cœur. Mais, comme c'était un amour réglé de mariage, je ne le ressentais pas si fort que je le devais.

Il advint que, le soir, le roi joua à trois dés, selon sa coutume, ayant fait mettre une table à la ruelle de son lit. Comme nous jouions avec lui,

Mme d'Angoulême arriva avec sa nièce qu'elle avait envoyé quérir, et que le roi entretint fort longtemps avec elle de l'autre côté du lit.

Cependant, je regardais sa nièce, qui ne savait rien de toute cette affaire ; et je ne pouvais m'imaginer qu'elle fût pour réussir en telle sorte.

Après qu'il eut parlé à la tante, le roi entretint longuement sa nièce ; puis, ayant repris la tante, comme Mlle de Montmorency se retirait, moi la regardant, elle haussa à mon avis ses épaules pour me montrer ce que le roi lui avait dit. Je ne mens point de ce que je vais dire : cette seule action me perça le cœur et me fut sensible que, sans pouvoir continuer le jeu, je feignis de saigner du nez et sortis du premier cabinet et du second.

Les valets de chambre m'apportèrent sur le petit degré mon manteau et mon chapeau. J'avais laissé mon argent à l'abandon que Beringhen serra ; et, ayant rencontré au bas du degré le carrosse de M. d'Épernon, je montai dedans et dis au cocher qu'il me menât à mon logis.

Je trouvai mon valet de chambre avec lequel je montai dans mon appartement, lui défendant de dire que j'y étais, et y demeurai deux jours à me tourmenter comme un possédé, sans dormir, boire ni manger.

On crut que j'étais allé à la campagne, comme je faisais souvent de pareilles équipées. Enfin, mon valet, craignant que je ne mourusse, ou que je ne perdisse le sens, le dit à M. de Praslin qui me mena le soir même à la cour, où chacun fut surpris de me voir en deux jours si amaigri et si changé.

Deux ou trois jours après, M. le Prince se déclara de vouloir épouser Mlle de Montmorency et, me rencontrant, me dit :

— Monsieur de Bassompierre, je vous prie de venir ce soir chez moi, pour m'accompagner chez Mlle d'Angoulême, où je veux offrir mon service à Mlle de Montmorency.

Je lui fis une grande révérence, mais je n'y allai point.

Cependant, pour ne demeurer oisif et me réconforter de ma perte, je me divertis en me raccommodant avec trois dames que j'avais entièrement quittées, pensant me marier, et m'y rembarquai. »

6

Henri II de Bourbon, prince de Condé

Parmi les phénomènes d'heureux augure qui accompagnèrent la naissance du troisième prince de Condé, le 1er septembre 1588, à Saint-Jean-d'Angély, on dit que le tonnerre gronda, sans que la sérénité du ciel en fût troublée.

La première demeure de Henri II de Bourbon fut la prison où sa mère était détenue, après l'assassinat de son époux, demeuré mystérieux. La guerre civile, qui faisait rage, ralentit l'instruction, dispersant les juges et les témoins d'une ville à l'autre ; et l'affaire resta oubliée quelques années.

La princesse, toujours captive, et qui était assez mal traitée, écrivit lettre sur lettre à des parents ou des seigneurs du voisinage, leur demandant d'intervenir en sa faveur ; mais ce fut en vain. Même son cousin, le duc d'Alençon, qui la visita au passage alors qu'il se rendait dans le Midi, ne lui donna que de vagues assurances de secours. Charlotte de la Trémoille écrivit encore, mais sans résultat, au duc de Montmorency et au duc d'Épernon. Seul, le président de Thou voulut s'intéresser à elle : il finira par obtenir du roi qu'il reconnaisse le jeune prince et le fasse élever dans la religion catholique, à un moment où tout le monde semblait s'acharner contre la veuve et son fils.

Enfin, la liberté sous caution intervient en juillet 1595.

Le marquis de Pisani, nommé gouverneur du jeune prince, l'amène à la fin de cette même année à Saint-Germain, où il est déclaré l'héritier du trône. Le roi pourvoit à son éducation, et le cardinal-archevêque de Paris est chargé de son instruction religieuse.

Cependant, Charlotte de la Trémoille en veut à Henri IV de sa longue détention. Il est vrai que son acquittement n'a pas convaincu tout le monde de son innocence : sa liaison avec le page Belcastel a fait trop de bruit pour qu'elle soit oubliée de sitôt ; et l'on prétend qu'Henri II de Bourbon est né treize mois après la mort de son père.

L'on raconte aussi qu'un distillateur grec, qui fréquente la maison des Pisani, s'est adressé à des barbiers pour se procurer du sang humain. Aussi la rumeur se répand-elle dans Paris que, le petit prince étant fort malade, on fait tuer des jeunes enfants afin de le baigner dans leur sang encore tiède et de le guérir par cet atroce remède. Mais il faut savoir que ce vieux conte a déjà servi dans le passé pour animer le peuple contre François II.

Ne dit-on pas encore qu'au commencement de 1599, lorsque Henri IV envoya Sillery comme ambassadeur extraordinaire à Rome pour conclure la négociation relative à son divorce, il l'autorisa par des instructions secrètes à déclarer au pape que le jeune prince était bâtard, et que nul de son sang ne le reconnaîtrait jamais pour roi ?

C'est en 1599 aussi que meurt Pisani, emporté par une épidémie violente. En toute hâte, on transporte le prince à Saint-Maur-des-Fossés, dans un château au bord de la Marne, où le séjour est renommé pour la pureté de l'air qu'on y respire.

Pendant ce temps, la princesse douairière, bien qu'accommodante, assure-t-on, pour les caprices amoureux du roi, continue d'être fort mal en cour. Elle est brouillée avec Mme de Verneuil ; un moment, elle espère s'appuyer sur la comtesse de Moret, qu'elle a poussée vers le roi, mais qui ne semble lui en avoir aucune reconnaissance. Bientôt, le roi lui fait défense de paraître à la cour ; et c'est le jeune prince qui a la mission de signifier à sa mère cette espèce d'exil.

Henri de Bourbon passe ainsi les premières années de sa jeunesse inoccupé, essuyant de fréquents dégoûts, sans parents affectueux ni amis véritables. Et la monotonie de son existence n'est interrompue que par les cérémonies où son rang l'appelle, ou par les fêtes de la cour : il figure souvent dans les ballets qui se dansent devant le roi.

C'est un jeune homme d'une taille moyenne, avec les traits du visage fort saillants dans une figure régulière, quoique un peu maussade. Il a acquis un fonds d'instruction assez solide, sait passablement le latin, la géographie et un peu de mathématiques ; s'il écrit correctement le français et le parle avec assez de facilité quand il parvient à surmonter un certain embarras naturel, il n'a rien de ce qui pourrait le faire briller dans une cour où la galanterie est arrivée aux dernières limites de la licence.

Il a de l'esprit, mais il est léger et souvent imprudent dans le choix de ses confidents.

Écarté du trône par la naissance du dauphin Louis, il s'est rendu suspect aux yeux du roi : les huguenots, qui n'ont pas reconnu au pape le droit de casser le mariage de Henri IV avec Marguerite de Valois, ne désespèrent pas de voir Condé revenir à la religion de son père, et, qui sait ? de le mettre à leur tête pour le porter au trône.

On soupçonne aussi le prince d'avoir sollicité des pensions du roi d'Espagne.

Car il n'est pas riche.

De plus, il est timide et gauche.

On le dit faible, effacé, irrésolu.

Enfin, il n'est nullement galant.

7

Bassompierre

Le prince de Condé ayant tiré à quartier Bassompierre, il était à l'entretenir longuement. Comme il le faisait à voix basse, ce manège ne manqua pas d'attirer l'attention du roi.

— De quoi vous parle donc le prince, interrogea-t-il, si ce n'est de son mariage prochain avec Mlle de Montmorency ?

— Sire, vous avez deviné juste. C'est cela même dont il était question.

— Et que vous a demandé mon neveu ?

— Une chose, sire, que je ne ferai pas.

— Laquelle ?

— Il veut que je l'accompagne pour se venir fiancer !

— Eh bien ! Que voilà une affaire bien naturelle, et qui me paraît aller de soi.

— Mais ne pensez-vous pas, sire, que le prince est assez grand pour y aller tout seul ? Et ne saurait-il se fiancer sans moi ?

— Voire.

— Je vous réponds que, s'il n'a d'autre accompagnateur que moi, il sera fort mal suivi.

— Et moi, je veux que vous le fassiez !

— Sire, je vous supplie très humblement de ne le point commander, car je ne le ferai pas.

Henri IV fronça les sourcils.

— Que Sa Majesté veuille bien se contenter que j'aie abandonné ma passion au premier de ses désirs et de ses volontés, sans me vouloir forcer d'être mené en triomphe, après m'avoir ravi ma femme prétendue et tout le contentement que j'en espérais.

Le souverain fit quelques pas en silence devant les deux hommes. Puis, s'arrêtant devant Bassompierre et lui passant familièrement le bras autour du cou :

— Je vois bien, mon ami, que vous êtes en colère ; mais je vous assure que vous ne manquerez pas d'y aller, quand vous aurez considéré que c'est mon neveu, premier prince du sang, qui vous en a prié lui-même.

Et, s'adressant à Bellegarde et à Praslin qui étaient là, il leur commanda de venir dîner avec Bassompierre et de le persuader de se rendre à ce mariage. C'était en effet, ajouta-t-il, de son devoir d'y paraître, en même temps que le voulait la bienséance.

Bien qu'il lui en coûtât, Bassompierre écouta les remontrances de ces seigneurs : il alla aux fiançailles de Mlle de Montmorency et du prince de Condé, qui se firent en la galerie du Louvre, le 3 mars 1609, et furent l'objet de fêtes magnifiques ainsi que de réjouissances publiques.

A cette occasion, le roi fit à la jeune Charlotte un présent de pierreries et de splendides habits de noces ; il lui compta aussi une rente annuelle de douze mille livres et lui assigna la jouissance des châteaux de Valéry ou de Muret, en cas où son mari viendrait à décéder avant elle.

Bassompierre dut se porter à la rencontre du prince qui se rendait au palais avec ceux de sa maison par le pont Neuf. Pourtant, Bassompierre voulut s'offrir le luxe d'arriver en retard à la cérémonie. Cela n'empêcha pas le roi, dès qu'il le vit paraître, de lui faire signe de s'avancer jusqu'à lui, puis de l'obliger à prendre place à côté des fiancés. Bien plus, Henri IV, pour l'empêcher de se sauver, se donna la malice de s'appuyer sur lui pendant toute la cérémonie. Et Bassompierre dut endurer jusqu'au bout ce supplice auquel il ne s'était point préparé.

Les malheurs du gentilhomme lorrain ne touchaient pas à leur fin : deux jours plus tard, il tomba malade et fut pris d'une fièvre tierce dont il eut quatre accès.

Un matin qu'il était au lit et venait de prendre médecine, il voit arriver un gentilhomme gascon de ses connaissances, nommé Urbain de Noé, qui venait le chercher chez lui sur le sujet d'une querelle qu'ils avaient ensemble. Noé lui déclara d'entrée qu'il voulait se battre dès qu'il serait en santé pour le faire.

— Vous n'ignorez pas, Monsieur, mon opinion à l'égard des duels, puisque je l'ai maintes fois publiée. Je vous la répéterai à vous aussi : elle est que je trouve cet usage stupide.

— Est-ce à dire, Monsieur, que vous refusez de vous battre ?

— Vidons cette affaire sur-le-champ ! répliqua Bassompierre impatienté.

— Je vous ferai toutefois la grâce, Monsieur, d'attendre encore un jour ou deux.

— Non, non, vous me voyez prêt à vous suivre, Monsieur.

— Comme vous voudrez.

L'autre se retira, lui donnant rendez-vous dans l'heure suivante. Et Bassompierre se leva, avec sa médecine dans le corps.

La rencontre était à Bicêtre, par un épais brouillard et avec deux pieds de neige. Les adversaires n'y voyaient goutte et ne parvenaient pas non plus à distinguer la figure des témoins. Si bien que ceux-ci, voulant s'interposer et arrêter un combat devenu impossible, coururent le risque d'être massacrés : l'un d'eux, un Gascon lui aussi, nommé Carbon, vint buter contre le cheval de Noé et désarçonna son cavalier, cependant que Bassompierre, se jetant en avant à l'aveuglette, manquait de tuer l'autre témoin, La Graulas, qu'il avait pris pour son adversaire. La rencontre s'acheva ainsi dans la confusion la plus totale.

Les gens de Bassompierre ramenèrent chez lui leur maître en piteux état, car cet exercice matinal l'avait épuisé. Cela n'empêcha pas l'intrépide cavalier de se rendre le même soir à l'Arsenal, où l'on dansait un ballet de filles, et où étaient le roi et la reine qui l'y avaient convié. Il y passa la nuit, y demeurant jusqu'au lendemain. Mais, rentré chez lui, l'imprudent fit une rechute, dont il pensa mourir. Il ne put se lever que le Mardi gras, jour où, à l'Arsenal encore, se courait une bague que donnait Mlle de Montmorency.

Comme il était trop faible, il ne courut point ; mais le roi l'ayant appelé auprès de lui pour l'aider à entretenir la dame qui donnait la bague, il s'acquitta assez bien de sa tâche. Le jeu, assez semblable à celui auquel s'adonnent les enfants dans un manège, consistait à enlever un anneau suspendu à un poteau, au moyen d'une lance ou d'une épée, en étant à cheval et au galop.

Le roi, dans sa passion, notera un témoin, fit toutes les folies que pouvaient faire les jeunes gens. Quoiqu'il eût bientôt cinquante-six ans, il courut la bague avec un collet de senteurs, et des manches de satin de la Chine. Car, aux yeux de tous, Henri IV apparaît maintenant comme transformé : il se met en frais, soigne sa toilette, peigne sa barbe. Enfin, il recherche toutes les occasions de se trouver avec Mlle de Montmorency ; et la jeune femme, mêlant avec subtilité l'ingénuité avec la coquetterie, accepte tous ces hommages que le prince lui rend, tant elle se sent flattée au fond d'en être l'objet.

Bassompierre, cependant, qui avait une constitution robuste et un tempérament de fer, se rétablit assez vite. Il reprit bientôt sa vie d'autrefois, courant les bals, les fêtes et les rendez-vous, et se prêtant aux aventures les plus lestes, comme il avait accoutumé de faire en toutes occurrences. Or, un soir, un écuyer de la reine Marie, nommé

Camillo Simoni, qui avait son logis dans une petite rue vis-à-vis la porte de la Monnaie, trouva sa femme couchée avec un jeune homme. Ayant tiré son rival en chemise hors de la maison, il appela ses gens qui lardèrent le malheureux de coups d'épée. Puis ils le laissèrent là, le jugeant mort.

Bien qu'il fût terriblement atteint, l'infortuné amant eut la force de se relever et de s'avancer dans la nuit ; toutefois, après qu'il eut fait cinquante pas, ses forces l'abandonnèrent, et il vint expirer sous les fenêtres de Mlle d'Entragues.

Un homme qui passait, et avait connaissance de la chronique scandaleuse de la cour, prit le cadavre qui gisait là pour celui de Bassompierre. Il s'en fut aussitôt heurter à la porte de l'hôtel du gentilhomme lorrain, où ses gens n'eurent aucune peine à croire la funeste nouvelle qu'on leur annonçait, pour la simple raison qu'ils avaient vu leur maître sortir déguisé à l'entrée de la nuit, et qu'il était patent pour eux qu'il s'en allait en bonne fortune. Ils accoururent à l'endroit désigné et, voyant que le corps était étendu à terre devant l'hôtel de Mlle d'Entragues, ils n'eurent plus de doute qu'il s'agissait de celui de leur maître. Ils emportèrent donc le cadavre à l'hôtel de Bassompierre, sans même chercher à le reconnaître, tant la nuit était noire et leur conviction assurée. L'ayant déposé sur un lit, ils en approchèrent des flambeaux et s'aperçurent alors de leur méprise. Ils eurent tôt fait de se débarrasser de ce corps en le portant chez un chirurgien, lequel alerta la Justice.

L'affaire fit grand bruit ; et si la réputation de Bassompierre, qui n'était plus à faire, n'en souffrit point, celle de Mlle d'Entragues fut l'objet d'assez méchantes plaisanteries.

8

Enfin Malherbe vint

Malherbe vint en 1605 à la cour, après que le cardinal Du Perron l'eut recommandé à Henri IV comme le meilleur poète du royaume. Le roi l'adressa à Bellegarde, qui le prit comme écuyer, lui donna mille livres d'appointements et l'entretint d'un homme et d'un cheval. Cela n'empêcha pas le poète de connaître, sa vie durant, des difficultés matérielles, d'être constamment endetté, et de loger en meublé, rue Croix-des-Petits-Champs, dans une modeste chambre où il n'avait que sept à huit chaises de paille pour recevoir ses visiteurs. Quand toutes ces chaises étaient remplies, il fermait sa porte par-dedans et, si quelqu'un y venait heurter, il lui criait derrière l'huis :

— Attendez ! il n'y a plus de chaises. Or j'aime mieux ne point vous recevoir que de vous donner l'incommodité de rester debout.

François Malherbe avait un visage jeune, des cheveux bruns, une barbe en pointe sur la fraise et l'allure élégante. Racan, qui l'a connu chez Bellegarde, où il était lui-même page de la chambre, le décrit comme un homme grand et bien fait, mais qui crachotait toujours, ce qui faisait dire au cavalier Marin qu'il n'avait jamais vu un homme si humide, ni un poète aussi sec. Il ajoutait que Malherbe, à cause d'une difficulté de langue et de l'obscurité de sa voix, gâtait ses plus beaux vers en les disant, car il crachait au moins six fois en lisant une stance de quatre vers.

Malherbe était aussi l'homme le plus frileux qui soit : l'hiver, il lui arrivait de revêtir jusqu'à quatorze chemises l'une par-dessus l'autre, et il avait les jambes chaussées de douze paires de bas, noirs le plus souvent. C'est Racan aussi qui, le voyant, un jour de grand froid, se perdre quelque peu dans l'ordre à suivre pour mettre tous ces bas, lui conseilla de coudre à chacun d'eux un ruban de couleur différente, ou bien encore une marque de soie où fût brodée une lettre de l'alphabet. Malherbe, ayant trouvé bon cet avis, l'exécuta dans l'heure ; de sorte que, le lendemain, venant dîner chez M. de Bellegarde et y apercevant Racan, il lui lança, avant même de lui dire bonjour :

— J'en ai jusqu'à *L* !

De quoi tout le monde fut fort surpris.

Malherbe avait un caractère abrupt et la conversation brusque comme certains de ses vers, la repartie vive, la boutade facile et le jugement catégorique, ce qui lui valut nombre d'inimitiés. C'est ainsi qu'il se brouilla avec son ami Desportes, chez lequel il était allé dîner, après lui avoir fait observer que son potage était meilleur que ses *Psaumes* :

les deux hommes ne se revirent plus par la suite. Il était surtout d'un caractère entier, voire dominateur ; et, s'il était mené par la volonté farouche d'accéder à la première place parmi les poètes français, ce n'était pas, de sa part, de la vanité, mais bien plutôt son orgueil qui lui faisait estimer qu'il la méritait. Aussi Ronsard ne trouvait-il point grâce à ses yeux, de la même manière que, pour lui, d'Aubigné n'existait pas.

Il avait un grand mépris pour les sciences, particulièrement pour celles qui ne servent que pour le plaisir des yeux et des oreilles, comme la peinture, la musique, et même la poésie, encore qu'il y excellât. Il était paresseux, détestait la contrainte et n'écrivait que fort lentement : il fallait donc que les événements qu'il avait pour mission de célébrer pussent aller du même pas que lui. Car, toute sa vie, il écrira des vers « de nécessité », comme il disait, et notamment ceux que Bellegarde lui commandait pour les dames. Ainsi, écuyer du Grand Écuyer, devenu gentilhomme ordinaire de la chambre du roi, il était obligé de suivre la cour dans ses déplacements, et gémissait de devoir coucher à Fontainebleau sur un lit de fagots.

Malherbe savait se montrer aussi fougueux dans ses conquêtes amoureuses qu'il savait être véhément dans ses poèmes ; et il faisait en toutes choses, en amour comme en politique, profession de réalisme : « Je n'ai jamais pu aimer une femme qui ne me rendît la pareille », confessait celui qui a toujours été fort adonné aux femmes, au point qu'on l'appelait, chez Bellegarde, « le père

Luxure », ce dont il ne s'offusquait point. « Dieu, qui s'est repenti d'avoir fait l'homme, aimait-il à répéter, ne s'est jamais repenti d'avoir fait la femme. » Et il se vantait avec autant de vanité d'avoir sué trois fois la vérole que s'il avait gagné trois batailles.

Il composait des vers pour les grandes occasions, naissances, mariages ou deuils royaux, et collaborait à des livrets pour les carrousels et les ballets. C'est à ce titre qu'on retrouve Malherbe parmi les auteurs du ballet de la reine où parut Charlotte de Montmorency, et qui fut donné deux fois à la fin de janvier, d'abord à l'Arsenal, puis chez la reine Marguerite, qui avait fait apprêter pour Leurs Majestés une collation magnifique qu'on disait lui revenir à quatre mille écus. A près de cinquante-sept ans, la reine Margot était devenue fort grosse ; elle s'oignait le corps d'huile de jasmin pour combattre l'odeur que dégageaient ses sueurs, et se coiffait d'une énorme perruque blonde qui était faite des cheveux coupés sur la tête de ses laquais. Mais elle savait recevoir ; et, parmi les singularités de la décoration, on put voir un grenadier, un oranger et un citronnier dressés dans des plats d'argent, et qui avaient l'apparence d'arbres naturels. Les nymphes, surtout, attiraient les regards ; Henri, couvant des yeux son bel ange, était tout à son bonheur ; et Malherbe, de son côté, s'était épris d'une jeune chanteuse, Mlle Paulet, qu'on nommait « la Lionne » : elle avait la taille fine, les cheveux dorés proches du roux, un teint admirable et elle dansait fort bien. Aux dires de beaucoup, ce fut elle qui, ce jour-là, emporta l'honneur du ballet ; sa voix était si harmonieuse et délicate, qu'elle surpassait celle du sieur de Vaumesnil, le chanteur le plus célèbre de son temps ; et l'on assure qu'on trouva, un matin, deux rossignols morts au bord d'une fontaine où Mlle Paulet avait chanté tout le soir.

9
Les folies françaises

Le contrat de mariage était à peine signé, que Henri IV écrivait au cardinal Borghèse, neveu du pape, pour obtenir les dispenses nécessaires, les jeunes gens étant « parents du second au tiers et du tiers au quart degré de consanguinité » : en d'autres termes, la mère du prince de Condé était fille de Jeanne de Montmorency, sœur du connétable, et son père était fils de Léonor de Roye, sa cousine germaine. Le roi pressait ensuite M. de Brèves, son ambassadeur auprès du Saint-Siège, de faire hâter de tout son pouvoir l'expédition des dispenses. Mais il lui fallait compter avec les habitudes lentes et mesurées de la chancellerie romaine, autant qu'avec les difficultés et les hasards de la route. Ce qui, pendant deux mois encore, mit sa patience à rude épreuve.

Les lettres de Rome arrivèrent à la fin d'avril ; et, le 17 mai, les noces furent célébrées au château de Chantilly, propriété du connétable, sans pompe ni solennité d'aucune sorte — « avec peu de frais, mais bien de la gaieté, racontera Malherbe. M. le connétable et Mme d'Angoulême y ont dansé : jugez par là comme la débauche y a été grande. »

Dès que le jeune couple eut rejoint la cour à Fontainebleau, on vit Henri IV mettre tous ses soins à plaire à Charlotte. A ce moment, le roi escomptait une victoire d'autant plus facile que Charlotte, qui était presque une enfant, se montrait fort enjouée et ignorante des dangers auxquels sont exposées les jolies femmes à la cour. Elle est au fond heureuse et flattée de ces hommages, dont peut-être elle ne devine pas le but ; et elle s'en amuse plus encore quand elle voit le prince s'en montrer jaloux. Avec les inconséquences de son âge, elle se prête même aux caprices du roi : elle échange avec lui des billets doux et, à l'insu de son mari, elle permet à Ferdinand Élie de Malines, un peintre fort à la mode, d'exécuter le portrait que désire avoir d'elle le roi. Aussitôt qu'il fut terminé, Bassompierre se chargea de le remettre au destinataire, non sans que l'artiste eût enduit la toile de beurre frais, par crainte de la voir s'effacer, car il fallait la rouler pour l'emporter sans qu'on la vît.

Enfin, à la demande du roi, Charlotte consentit à paraître un soir à la lueur des flambeaux, sur son balcon, en chemise et les cheveux dénoués. Ce que voyant, le roi s'évanouit presque.

— Dieu ! qu'il est fou ! disait Charlotte, en riant de tout son cœur.

Mais le prince, lui, ne riait pas.

10
Une ambassade lorraine

Un jour que, jouant au reversis, Bassompierre tenait le jeu du roi, ce dernier, mécontent de le voir perdre, lui en fit le reproche. L'autre s'excusa sur ses ennuis, disant qu'ils lui tournaient la tête.

— Ventre Saint-Gris ! s'écria le roi. N'y ayez donc pas de regrets ! Car si le mariage se fût fait, tu eusses été cocu !

Bassompierre sourit ; puis, avec une assurance tranquille :

— Je me serais défendu pour quelque temps. Car, d'ici à deux ans, je verrai toute votre séquelle occupée à se curer les dents sous les voûtes de votre Louvre !

Le monarque ne tint pas rigueur au gentilhomme de cette repartie un peu vive.

— Vous devriez changer d'air et voir du pays, cela ne pourrait que vous faire laisser vos soucis. Tenez ! Je vais vous envoyer en ambassade en Lorraine.

— En Lorraine, sire ? Au pays de mes pères ?

— Oui-da.

Et, voyant que, déjà, le visage de son compagnon rayonnait de bonheur :

— Je veux vous charger d'une mission importante. Il s'agit de rien moins que d'amener le duc Henri II à conclure le mariage du dauphin Louis et de la princesse Nicole.

— Ce qui, dans l'avenir, entraînerait la réunion de la Lorraine à la France ?

— Vous m'avez compris, Bassompierre.

Le gentilhomme lorrain ne partit pas tout de suite. Il prit le temps de perdre vingt-cinq mille écus au jeu, puis d'assister aux noces du duc de Vendôme avec Mlle de Mercœur, où il figura en bonne place, non loin de sa belle amie la princesse de Conti, qui portait ce jour-là une robe de gaze noire rayée d'or.

Lorsqu'il gagne la Lorraine, François de Bassompierre séjourne au château paternel ; puis il va exposer sa mission au duc. Ce dernier n'a pas vu sans inquiétude, à l'occasion de l'affaire de la succession du duché de Clèves, des troupes se masser près des frontières. Bassompierre le rassure et se porte garant de la bonne foi du roi de France ; mais il plaide en vain sa cause.

Voulant laisser au duc, qui est d'un naturel timoré, le temps de la réflexion, il voyage dans les États allemands, parcourt l'Alsace et le grand-duché de Bade, où les seigneurs qui l'ont connu autrefois le reçoivent à bras ouverts. Il chasse, il joue, il banquette, il muguette, mais, sans y paraître, fait tous ses efforts pour gagner à la cause du roi de France les princes protestants allemands. Toutefois, lorsqu'il rentre à Nancy, il se heurte à de nouveaux atermoiements du duc.

C'est au mois de mars précédent qu'est mort le duc de Clèves et de Juliers. Plus que l'importance stratégique de ces deux places, ce qui attire l'attention de toute l'Europe, c'est que cette succession est revendiquée par deux neveux, l'Électeur de Brandebourg et le Palatin de Neubourg, tous deux luthériens, en même temps que par le duc de Saxe, également huguenot, et soutenu à la fois par l'Empereur germanique et par l'Espagne.

Comme ses prédécesseurs, Henri IV est conscient du danger, pour le royaume, de n'avoir pas de frontières naturelles. Il sait qu'en cas de guerre, il ne saurait combattre à la fois sur mer (si l'Angleterre venait à quitter sa neutralité) et sur ses limites terrestres.

Enfin, pris entre les possessions des Habsbourg en Espagne, aux Pays-Bas, en Franche-Comté, en Allemagne et en Italie, il veut éviter à tout prix l'encerclement.

11

Les amours du Grand Alcandre

On s'attendait que le prince de Condé serait un époux complaisant, Henri IV n'ayant marié Charlotte que pour qu'elle fût à lui ; et le procédé, pour blâmable qu'il fût, lui paraissait si normal qu'il n'en faisait aucun mystère.

Mais le roi dut bientôt déchanter : ce fut le contraire qui arriva ; car celui qu'on avait pu accuser de sodomie (et dont il n'est pas certain, en dépit des dires des témoins envoyés par Henri IV, qu'il ait consommé son mariage), voulut garder sa femme près de lui tout comme s'il en eût été amoureux. De plus, Charlotte paraissant s'amuser de la vilaine humeur de son époux, le prince se sentait humilié du rôle qu'on voulait lui faire jouer. Si éloigné qu'il fût de sa femme, il n'entendait point être l'objet des persiflages de la cour ; et les scrupuleux, les malins et les mécontents, et ceux aussi qui formaient l'entourage florentin de Marie, n'avaient de cesse de jeter le trouble dans le ménage, de mettre le feu au ventre du prince et d'irriter sa jalousie. Il semblait que la cour entière conspirât contre son honneur, jusqu'à sa mère qui était du complot. Et la reine Marie pouvait dire que, « pour ce beau marché, il y avait trente entremetteuses en besogne. Si je m'en mêle une fois, assurait-elle, je serai la trente et unième. »

Le roi avait proclamé qu'il ne demanderait jamais à la nouvelle princesse de Condé que de l'affection et des consolations pour sa vieillesse. Ce disant, il était peut-être sincère ; mais il est sûr que, ne pouvant rester longtemps maître de lui, il s'apprêtait à changer de sincérité. Aussi les plus vertueux faisaient-ils reproche au roi d'oublier ce qu'il se devait à lui-même, ce qu'il devait à un prince du sang, à un proche parent dont il aurait pu être le père ; et cet amour, que tout lui commandait d'étouffer, ou tout au moins de voiler aux yeux du monde, il l'étala publiquement. « C'est une telle folie, écrivait le prince de Mantoue, qui tient tous les sens du roi si embarrassés, que quasi il n'est capable d'autres affaires que de celles qui concernent cette affection. »

— N'êtes-vous pas bien méchant, disait à Henri IV la marquise de Verneuil, de vouloir coucher avec la femme de votre fils ? Car vous savez bien que vous m'avez dit qu'il l'était !

Aussi Condé ne pouvait-il plus se faire illusion sur le danger que courait son honneur ; mais il se montra peu disposé à supporter l'infortune commune, et son exacte vigilance déjoua le complot formé contre la vertu de sa femme. Ne pouvant plus souffrir la continuation de cette intrigue sans se rendre l'objet du mépris de la cour, il en vint aux emportements.

Étant allé voir le roi, il lui demanda de le laisser se retirer avec sa femme dans l'une de ses terres. Henri IV refusa : il avait beau jeu de lui faire valoir que le rang d'un prince du sang lui faisait obligation de demeurer à la cour.

Condé insista. Il supplia.

En vain.

— Vous êtes un tyran !

Alors, Henri IV, étourdi du coup et piqué au vif, s'arrêta devant Condé et, le regardant dans les yeux :

— Je n'ai fait acte de tyrannie qu'une fois dans ma vie. C'est lorsque je vous ai fait reconnaître pour ce que vous n'étiez pas.

— Qu'est-ce à dire ? interrogea le prince.

Le roi garda un moment le silence. Puis :

— Quand vous voudrez, Monsieur, je vous montrerai votre père à Paris.

— Vous êtes un bougre !

Et il sortit furieux.

Dans l'escalier, le prince qui, après ce qu'il venait d'apprendre, avait presque perdu l'esprit, rencontra Villeroy et lui fit le récit de sa querelle avec le roi. Il ajouta qu'il préférait se démarier plutôt que s'exposer plus longtemps au déshonneur et à la colère du monarque. Aussitôt, en parfait courtisan, Villeroy s'empressa de répéter au roi les propos que venait de lui tenir Condé.

— Cela lui aura sans doute échappé dans un moment de révolte.

— Hé, mais ! dit le roi après avoir rêvé un peu là-dessus. Et si nous le prenions au mot ? Je me charge même de lui procurer le consentement de sa femme !

Incontinent, Henri IV demanda à la princesse douairière de préparer les pièces d'une procédure qui aboutirait à rompre le mariage de son fils ; et il semble bien que la jeune Charlotte elle-même y ait prêté la main.

Dès lors, la situation devenait tendue et difficile. Et Condé, si timide et si gauche d'ordinaire, et qui jusqu'alors s'était montré incapable de fermeté, se sentit aiguillonné par tout le clan ; et, loin de dissimuler son algarade avec le roi, il voulut en tirer gloire en la rendant publique, ajoutant qu'il n'était venu à Fontainebleau que pour braver son souverain.

Dans l'affaire, le roi y laissait de sa dignité, car il avait passé l'âge des aventures galantes. Et y avait-il apparence de sens que celui qui, naguère, était l'héritier présomptif de la couronne, fût du jour au lendemain qualifié de bâtard par le chef de la Maison de France ?

Condé s'en fut s'en prendre ensuite à sa mère, qu'il accusa de servir au roi d'instrument propre à corrompre sa femme. Après ce que lui avait révélé le roi, il lui reprocha de n'avoir pas la honte sur le front, la traitant de « maquerelle » et d'autres noms semblables. Enfin, laissant éclater sa jalousie, il en vint à attaquer la réputation de celle qu'il venait d'épouser.

Le roi, de son côté, se montrait jaloux : il allait

jusqu'à faire fouiller les valets de Bassompierre, lequel, ayant renoncé à celle qu'il devait épouser, était bien éloigné de déplaire à son maître. Henri ne cachait plus non plus sa mauvaise humeur, dont il s'ouvrait à ses intimes. « Mon compère, écrit-il à Montmorency le 12 juin, de Fontainebleau, mon neveu, votre gendre, fait ici bien le diable. Il est besoin que vous et moi parlions à lui ensemble, afin qu'il soit sage. Mais je n'attendrai pas votre arrivée pour commencer... »

Le même jour, il écrit à Sully : « Vous seriez en colère et auriez honte des choses qu'il a dites de moi. Enfin, la patience m'échappera, et je me résous de bien parler à lui. » Puis il prescrit au surintendant des finances de ne pas régler au prince le quartier d'avril de sa pension et de cesser le paiement de ses créances. « Si l'on ne le retient pas par ce moyen-là, il en faudra prendre quelque autre ; car il est honteux d'ouïr ce qu'il dit : nous aviserons ensemble lorsque vous serez auprès de moi. »

Le 17 juin, sans crier gare, Condé emmène sa femme (et sans opposition de sa part, semble-t-il) au château de Valéry, près de Sens. Il espère qu'en l'éloignant ainsi, il pourra la reprendre, et que la passion du roi s'éteindra ou changera d'objet.

Celle-ci, au contraire, ne fait que redoubler.

De ce départ subit, Henri IV est inconsolable, et il commande à Malherbe des stances pour peindre sa douleur :

Il faut que je cesse de vivre
Si je veux cesser de souffrir.

y disait le roi sous le nom d'Alcandre ; et la princesse, sous celui d'Oranthe

Le cœur outré du même ennui,
[Jurait] que s'il mourait pour elle,
Elle mourrait aussi pour lui.

Dans une autre pièce, Malherbe s'employait à rassurer le prince et à lui promettre un heureux succès, puisque ses amours étaient partagées :

N'en doute pas, quoi qu'il advienne,
La belle Oranthe sera tienne,
C'est chose qui ne peut faillir ;
Le temps adoucira les choses,
Et tous deux vous aurez des roses
Plus que vous n'en sauriez cueillir.

Condé fut toutefois obligé de revenir à la cour le 7 juillet pour le mariage du duc de Vendôme. « A ces noces magnifiques et triomphantes qui furent célébrées à Fontainebleau, le roi parut sur tous les autres comme un soleil entre les étoiles, et tout brillant de perles et pierreries... L'épousée et le reste des dames furent si longtemps à se parer, que la messe ne se dit que sur les cinq heures. La compagnie partait de la chambre de la reine. Puis, de la messe, on alla droit au festin royal, la table étant dressée en potence. A ces cérémonies, la reine ne parut pas, car elle gardait la chambre, ayant une forte colique. »

La princesse vient-elle de reparaître à la cour, le poète reprend sa lyre et fait de nouveau dire à Alcandre :

Revenez, mes plaisirs, ma dame est revenue ;
Et les vœux que j'ai faits pour revoir ses beaux yeux,
Rendant par mes soupirs ma douleur reconnue,
Ont eu grâce des cieux.

Condé avait espéré quelque changement dans l'humeur du roi ; et peut-être aussi s'était-il effrayé de quelques menaces dont il sentait l'objet. Mais le manège du roi et les plaisanteries de la cour ayant repris comme devant, il reconduisit sa femme à Valéry sitôt après le mariage auquel il s'était cru tenu d'assister.

Le roi employa tous les moyens pour le rappeler ; mais il y perdit sa peine et celle de ses émissaires. L'un d'eux, Beaumont, en rentrant, le 25 septembre, rapporte qu'il a trouvé « notre homme plus méchant que jamais ».

De Valéry, le prince se rend dans une autre de ses terres, à Muret. De Sens à Soissons, le trajet est long ; on ne le parcourut que lentement, d'autant que Condé, qui se savait surveillé, modifiait sans cesse son itinéraire, suivant des chemins détournés et prenant mille précautions pour déjouer l'envoyé du roi.

Cette nouvelle équipée donne à Malherbe le prétexte pour composer une nouvelle pièce, *Alcandre plaint la captivité de sa maîtresse* :

S'il m'advient quelquefois de clore les paupières,
Aussitôt ma douleur en nouvelles manières
Fait de nouveaux efforts.
Et, de quelque souci qu'en veillant je me ronge,
Il ne me trouble point comme le meilleur songe
Que je fais quand je dors.

Pour tromper son ennui, Henri IV va confier ses infortunes amoureuses à Sully et lui demande conseil. Sully lui parle de sa gloire célèbre dans l'Europe entière, et l'engage à se garder de toute action qui pourrait ravaler sa renommée. Il lui recommande surtout de maîtriser ses passions :

— Ne vous laissez pas embarquer, sire, dans cet amour qui pourrait vous amener plus d'inconvénients qu'aucun des précédents.

Non sans finesse et lucidité, le ministre estimait que sa propre nature, peut-être, le portait moins à cette passion que la malice de ceux qui voulaient y trouver le prétexte de leurs pernicieux desseins.

— Partant, il me paraît prudent, sire, d'y renoncer.

Comme on s'en doute, et comme il arrive chaque fois que la passion est aux prises avec les discours de la raison, le roi, loin d'écouter ces vertueux avis, n'en voulut tenir aucun compte.

12

Les plaisirs de la chasse

On était à l'automne de 1609, à la veille de la Saint-Hubert, qui est chaque année l'occasion de joyeux banquets. Condé avait convié tous les gentilshommes des environs et, pour épargner à sa femme les refrains gaillards qu'on a accoutumé de chanter en cette circonstance, il l'envoya, sous la garde de sa mère, passer la journée à Breteuil, au château voisin de Traigny, le gouverneur d'Amiens.

En route, alors que le carrosse traversait une forêt, on rencontra une meute et des piqueurs prêts à se mettre en chasse. Comme ceux-ci portaient la livrée du roi, les deux femmes, étonnées de rencontrer la chasse royale si loin de Paris, firent arrêter la voiture, et, appelant l'un des veneurs :

— A qui est donc cet équipage ? interrogea la princesse douairière.

— A l'un des capitaines de la vénerie royale, qui a fait poster des relais pour courre le cerf.

Pendant qu'il parlait, la jeune Charlotte aperçut, au milieu des valets, portant leur livrée et tenant en laisse deux chiens, un homme qui avait un grand emplâtre sur la moitié du visage et qui, de son œil droit (le seul qui fût libre), la regardait fixement.

Charlotte faillit pousser un cri, mais elle se contint et, s'étant rejetée vivement dans le fond de la voiture, elle ne souffla mot de ce qu'elle venait de surprendre, de peur que sa belle-mère n'en parlât à son mari.

C'était le roi.

Pour apercevoir sa belle, ne fût-ce qu'un moment, il s'était travesti en valet de chiens.

Averti par Traigny, il avait quitté Paris avec quelques confidents, le duc de Vendôme, les deux frères d'Elbène, du Jon, Bassompierre, auxquels s'était joint le chevalier du Guet ; et il venait d'arriver à Breteuil à franc étrier.

Cet hommage, pour inattendu qu'il pût être, ne laissa pas de plaire à Mlle de Montmorency.

Au château de Traigny, on fit d'autant plus fête aux hôtes princiers, qu'on avait maintes fois réclamé l'honneur de les y recevoir. On échangea en cette occasion mille compliments, on multiplia les prévenances à l'égard des deux femmes et, sur la fin du dîner, il n'y eut que propos flatteurs pour célébrer la beauté de la demeure et du parc.

Mme de Traigny, tirant la jeune princesse à part, sur le prétexte de lui faire remarquer un point de vue, l'entraîna vers une fenêtre qui donnait sur la cour. Puis elle lui désigna au-dehors un certain pavillon, à la porte duquel se tenait immobile un petit homme à la barbe grise, qui avait la main sur le cœur et qui, dès qu'il aperçut la princesse, lui sourit en lui adressant des baisers.

Cette fois, Charlotte ne put dissimuler sa surprise :

— Ah, Dieu ! Qu'est-ce ceci, Madame ? Le roi est céans !

La princesse douairière entendit l'exclamation. Aussitôt, elle devina la connivence des châtelains avec le roi, et elle crut devoir s'en plaindre à ses hôtes en des termes extrêmement vifs ; et, refusant les excuses comme les explications, elle exigea que ses chevaux fussent remis incontinent au carrosse.

Accouru au bruit, le roi eut beau supplier et faire tous les serments du monde, la princesse douairière tint bon et ne voulut point donner les mains à ce guet-apens, dont son fils aurait pu lui demander un compte sévère.

Il ne restait plus à Henri et à ses compagnons qu'à reprendre le chemin de la capitale. Mais, en s'en retournant, comme ils passaient à travers bois, ils furent pris pour des coupe-jarrets, travestis qu'ils étaient en gens de sac et de corde, et poursuivis par des gens d'armes.

Dès qu'elle fut connue à Paris, l'équipée du roi lui attira force brocards. Mais Henri n'en avait cure : il était tout à son bonheur d'avoir revu la princesse ; et il se persuada qu'elle lui avait souri.

13
L'ombre de la Bastille

Instruit par sa mère de la nouvelle extravagance du roi, le prince de Condé ne connut plus de repos. Plus que jamais, il soupçonna Henri IV de méditer un enlèvement, et se confirma dans la pensée qu'il n'y avait pas, dans le royaume, d'endroit où sa femme pût être à l'abri de cette poursuite amoureuse.

A quelques jours de là, il reçut une lettre du roi, où ce dernier s'exprimait sur un ton moitié badin et moitié menaçant. « Mon neveu, écrivait-il, c'est assez tenu la campagne. Venez avant que le mauvais temps vous ramène, afin que je vous en sache gré. Je n'ai parlé de vous qu'en père, qu'en roi, en maître et en bienfaiteur. J'en espérais plutôt des grands mercis que les discours que vous en avez tenus. »

Le roi poursuivait en voulant prendre pour juges ses beaux-parents : « S'ils me condamnent, je vous satisferai à votre contentement. Si c'est vous, je ne veux pour satisfaction que votre sujétion auprès de moi, et une affection aussi grande à ma personne que vous l'avez rendue au libertinage depuis cinq ou six mois... Si vous eussiez été aussi sage que vous ne l'êtes pas, je vous eusse fait l'honneur de ma présence à la Saint-Hubert... »

Et le roi disait son espoir de le retrouver à son arrivée à Paris.

Pour mieux endormir la méfiance du souverain, Condé fit à cette lettre une réponse respectueuse et, protestant de sa soumission, annonça sa venue prochaine à Paris, où il devait d'ailleurs se rendre, comme le voulait l'usage, pour les couches de la reine.

Il vint effectivement le vendredi suivant, mais seul.

Il alla d'abord voir le roi, qui le reçut d'une manière assez cavalière, lui fit des remontrances, essaya de l'assouplir, mais ne réussit qu'à le raidir davantage dans son attitude. Il soupçonna alors le secrétaire du prince, Virey, d'engager son maître à adopter cette conduite ferme. L'ayant fait mander, il se plaignit des mauvais traitements que la princesse endurait de la part de son mari.

— Si je n'étais encore que roi de Navarre, dit-il en s'emportant, je me fusse fait le chevalier de la princesse, et me fusse battu pour elle contre mon neveu !

Claude-Enoch Virey écouta avec tranquillité cette apostrophe, avant de répondre :

— Tout attaché que je sois à la cause royale, sire, je n'ai rien abdiqué de l'indépendance que j'ai voulu montrer en toutes occurrences. Je vous ai servi à Arques, à Ivry, aux sièges de Paris et de Rouen, et je me suis trouvé avec vous aux journées les plus glorieuses. Mais vous trouverez bon aussi, sire, que je veuille, dans cette affaire, où l'honneur d'un prince du sang est en jeu, agir en homme de bien.

C'en était trop. Henri IV congédia Virey avec force menaces et le chargea de dire à son maître que, s'il ne se rendait à ses volontés et se permettait la moindre violence contre sa femme, il saurait bien l'en faire repentir.

De son côté, la reine ayant fait appeler Condé, elle le pria de mander sa femme, assurant le prince que, si elle venait à Paris, elle se chargeait de veiller sur elle, et même de la garder dans sa chambre. Condé balbutia des mots d'excuse et remercia la reine, sans toutefois rien promettre. Il était au reste si troublé après cette entrevue, et dans un tel état de surexcitation, qu'il dut s'aliter pendant deux jours.

Le surlendemain, c'était un mercredi, jour où Sully ne se rendait pas au Conseil, Condé résolut d'aller voir à l'Arsenal le surintendant des finances et de le choisir pour confident. Il n'ignorait pas que le ministre désapprouvait hautement les incartades galantes du roi, et qu'il s'était efforcé de lui faire abandonner ses desseins. Aussi espérait-il trouver chez Sully l'approbation de sa conduite, et se créer à la cour un défenseur.

Après s'être plaint longuement du roi, il laissa deviner son projet de quitter le royaume, ajoutant qu'il ne voyait pas d'autre moyen pour sa femme d'échapper aux entreprises du roi.

— Monsieur, je veux croire que cette parole imprudente n'est que la boutade dictée par un cœur ulcéré. Car, quant à quitter la France, vous me permettrez de penser que je ne vous en juge point capable. Ce serait là trahir le roi, et renier à la fois votre patrie, votre honneur et votre devoir. Vous ne sauriez ignorez, Monsieur, que la cour de France est l'unique refuge des princes du sang, et qu'ailleurs leur éclat se ternit. Croyez-moi, ne vous rendez pas coupable de voyager hors du royaume sans l'assentiment de Sa Majesté.

— Monsieur, répliqua Condé en s'exaltant, il se trouve que la contrainte dont je suis l'objet ne convient ni à ma naissance ni à mes goûts.

— Les enfants et les frères du roi, Monsieur, doivent se courber devant les usages et les lois.

A la fin, Condé, qui ne s'attendait pas à ce langage, accepta de se laisser convaincre, et il fit mine de céder. Mais, retrouvant sa maladresse naturelle, il mit tant de hâte à se rallier à l'opinion du ministre, que Sully ne se trompa point aux apparences et demeura persuadé de son départ prochain.

— Eh bien ! dit le roi, vous avez vu le prince. Quel est votre sentiment ?

— Vous l'avez entre vos mains, répondit Sully. Je n'ai qu'un conseil à donner à Votre Majesté, c'est de le mettre à la Bastille.

— Vous avez toujours, répliqua le roi, les fantaisies les plus extraordinaires. Quelle apparence y a-t-il qu'il s'en aille, lui qui ne peut vivre sans mon aide ? Comment pourrait-il emmener toute sa maison sans que je le sache, et que je l'en puisse empêcher ? Il n'y a pas une heure, il témoignait à la reine qu'il était assez satisfait de moi, qu'il n'avait nulle envie de quitter la cour, quelque bruit qui en courût, et qu'il lui en donnait sa parole.

— Eh bien ! sire, tout ce que vous me dites ne me fait pas changer d'opinion. Vous vous en fâchez contre moi. Mais le temps et l'événement vous feront reconnaître que c'est à tort.

Comme on savait Sully fort malveillant pour le prince, auquel il ne pouvait pardonner quelques plaisanteries innocentes, on n'attacha pas d'importance à son opinion.

Condé quitta Paris le 25 novembre, non sans avoir demandé au roi la permission de ramener sa femme. Ce qui, on s'en doute, lui fut accordé facilement.

14

L'enlèvement innocent

Le prince ne se presse point de rentrer chez lui : le 25, il couche au Bourget, va le lendemain à Dammartin, village qui appartient au connétable, passe la nuit suivante au château de M. de Betz, traverse Saint-Rémy, propriété du sieur de Conflans, arrive enfin à Muret, qui est aux marches de la Picardie.

Il met dans la confidence de son projet deux de ses intimes : le marquis de Rochefort, qui est tout à la fois son chambellan, son lieutenant de chevau-légers et son favori, et Virey, son secrétaire. Rochefort a pour mission d'organiser le voyage, tandis que Virey doit s'employer à trouver de l'argent, dont M. le Prince est fort court.

Le soir, Condé se confesse, puis adresse à son ancêtre saint Louis une prière, dans laquelle il se plaint de ce que celui qui tient chef de la parenté, au lieu de le protéger et garder de tort et disgrâce, vise à souiller son honneur en la femme, belle et tendre, qu'il lui a donnée.

Pour mieux couvrir l'exécution de son dessein, Condé prie sa mère, la princesse douairière, d'aller voir la reine, pour lui déclarer qu'il se repentait du refus qu'il avait fait à Sa Majesté. Pour lui complaire, ajoute-t-il, il s'est résolu d'aller quérir lui-même sa femme pour la consigner en sa protection durant ses couches. De quoi la mère du prince se montra toute réjouie, sans se douter qu'elle était mystifiée.

Craignant qu'il y eût résistance de sa part, Condé ne met pas sa femme au courant du départ. Le soir seulement, à l'heure du coucher, il lui annonce son intention de l'emmener de bon matin à une terre qu'il désire acheter et qu'il veut voir en grand secret, pour qu'on n'aille pas courir sur son marché. Comme il compte rester quelques jours absent, il lui conseille d'emporter un peu de linge avec elle. Il en rajoute même :

— Je sais que vous y prendrez du plaisir, aussi veux-je vous mener aussi, chemin faisant, à une chasse au sanglier.

— Est-ce loin d'ici ?

— Ma foi, non, c'est à trois lieues.

Le lendemain, 29 novembre, à quatre heures du matin, il fait monter Charlotte dans un carrosse de voyage. M. de Rochefort et Virey, ainsi que Charbonne, maître d'hôtel, Gilles Mathelin, le jeune Toiras, ancien page du prince, et l'échanson Antoine Camus forment l'escorte. Mlles de Certeaux, dame d'honneur, de Châteauvert, dame d'atour, et Philippote, femme de chambre, accompagnent la princesse. Suivent quelques haquenées et des chevaux de rechange, montés par des valets. C'est le garde-chasse Laperrière, que Condé tient pour un serviteur fidèle, qui remplira les fonctions de guide.

Mais, à peine le carrosse s'est-il ébranlé, que Laperrière, qui a été acheté par les agents du roi, trahit son maître et envoie son fils à bride abattue jusqu'au Louvre. Le même Laperrière endort les soupçons du prince en lui disant que, s'il prend des chemins détournés, c'est pour mieux déjouer la surveillance des espions qui ont pu être apostés dans la région, alors qu'il n'a pour dessein que de ralentir la marche du cortège. Et le carrosse, attelé de six chevaux, au lieu de prendre la grand-route du nord, n'avance qu'avec peine dans des chemins défoncés et boueux.

Au fond de la voiture, la jeune Charlotte, bien que durement secouée par les cahots, s'est endormie. De temps à autre, elle entrouvre un œil, voit que la nuit est noire encore, et qu'il pleut. Puis, comme le jour se lève, elle interroge Virey, assis vis-à-vis d'elle :

— Arriverons-nous bientôt ?

Virey, embarrassé, explique que Laperrière a voulu prendre par des raccourcis, et qu'on s'est égaré.

— A quoi sert d'avoir un guide, s'il ne réussit qu'à nous perdre ?

— Il a dû être trompé par la nuit.

Et Charlotte, se rencognant et remontant sur elle la couverture, finit par se rendormir.

On passe le bac à Soissons.

— Sommes-nous bien loin encore ?

— Non, Madame, nous approchons.

Mais la princesse, à présent, s'étonne :

— Je croyais que nous allions voir prendre le sanglier aux toiles ?

— Oui-da, Madame, c'est ce qu'a dit M. le Prince.

— Il a dit aussi que ce n'était qu'à trois lieues.

A un arrêt, Virey va faire son rapport au prince, qui chevauche en tête du cortège.

— Monseigneur, vous devriez venir réconforter Madame, qui me pose bien des questions auxquelles je ne sais comment faire réponse.

— Avez-vous pris votre sanglier, Monsieur ? demande Charlotte à son mari.

— Êtes-vous résolue à me suivre, Madame ?

— Oui, Monsieur, puisque vous avez la puissance absolue de m'y contraindre.

Alors Condé, se jetant auprès d'elle :

— Vous ne devez pas oublier, Madame, que vous êtes la compagne d'un Bourbon, et que, tout comme l'hermine ne saurait être autrement que blanche, votre réputation ne peut souffrir aucune souillure.

Virey, prenant le prince à part :

— Monseigneur, je vous conseille d'ôter tout à fait Mme la Princesse de son tourment.

Lorsqu'elle apprend enfin le but avoué du voyage, Charlotte pleure, et Condé s'interroge, ne sachant si les larmes lui viennent de quitter la France et les siens, ou de s'éloigner plus encore de son royal amant.

Et, laissant la jeune femme dans son privé, il remonte sur son cheval.

On s'arrête dans une auberge, où l'on mange un morceau, l'on boit du vin, et où les chevaux reçoivent leur picotin.

On se remet en route ; on arrive à la montagne de Laon, d'où le prince essaie en vain d'observer la ville, noyée dans la pluie et le brouillard.

— Nous avons de la chance ! s'écrie-t-il. Bien malin qui saura nous trouver, dans ce froid noir !

De nouveau, on repart ; on roule jusqu'à la tombée de la nuit. A Crécy, le prince met pied à terre, et soupe tout debout avec la brigade.

Les fronts sont soucieux, l'humeur morose, les paroles rares.

— Qu'écrivez-vous donc là ? interroge pourtant la princesse, voyant que Virey est occupé, depuis le départ, à noircir des feuillets.

— Je compose des vers itinéraires, Madame.

— Sur quel sujet ?

— Sur notre voyage, afin que la postérité ait une relation exacte des incidents et péripéties dont il aura été l'occasion.

— Fort bien. N'écrivez point, s'il vous plaît, que j'ai pleuré, et veuillez mentionner que le prince a été bon pour moi.

— De ces deux choses, Madame, je me garderai de l'une, comme je prendrai soin de l'autre. Je donnerai pour titre à cette pièce *L'Enlèvement innocent, ou la Retraite clandestine de Monseigneur le Prince avec Madame la Princesse, sa femme, hors de France.* Et je la dédierai à notre ami Louis Dollé, avocat au Parlement de Paris.

— Et moi, dit le prince, je vais écrire au roi, pour lui dire que la raison de notre voyage est de visiter ma sœur, la princesse d'Orange, à Bruxelles.

— Il en croira ce qu'il voudra.

— Peu me chaut, Madame. Nous serons bientôt hors d'atteinte de ses poursuites.

— En êtes-vous sûr ?

— C'est ce que nous verrons.

— Mais si nous allons à Bruxelles, et que le roi, irrité par notre départ, déclare la guerre aux Pays-Bas ?

— Allons, Madame, fit le prince avec condescendance, Henri ne serait pas si fou de déchaîner la fureur des armes sur le sujet d'une femme !

Il fallait traverser la Serre, qui est peu profonde à cet endroit, mais qui, gonflée par les pluies, débordait dans les champs environnants. Il n'y avait point de bac ni de passeur à cette heure, et les chevaux, après avoir marché huit heures sans s'arrêter, étaient rendus. Mais Condé avait hâte de mettre la frontière entre le roi et lui.

Il fallut donc demander aux dames de laisser le carrosse.

Le prince, qui avait eu soin de choisir les plus forts chevaux, plaça sa femme en croupe de Rochefort, cependant que lui et les autres enfourchaient les haquenées. Et la course reprit de plus belle dans la nuit.

A trois heures du matin, à l'heure où les coqs chantent le premier somme, on atteignit Castillon-sur-Sambre, premier bourg au-delà de la frontière.

Bien qu'elles se fussent enveloppées dans des manteaux et des couvertures, les femmes étaient transies de froid. Puis, l'on s'égara, et l'on dut mettre pied à terre.

On ne voyait goutte dans les ténèbres ; les visages étaient fouettés par le vent et la pluie ; et c'est tout juste si, dans les bourrasques furieuses, on s'entendait parler.

On aperçut un moulin dont les ailes tournaient. La princesse demanda qu'on s'y arrêtât. Elle refusait d'aller plus loin.

Trempés jusqu'aux os, les voyageurs gravirent avec peine, luttant contre le vent, le monticule. Lorsqu'il se présenta à eux, le meunier, couvert de farine, leur fit l'effet d'un fantôme dans cet endroit éclairé seulement par une chétive lumière et où, dominant les assauts du vent contre cette maison de planches parfois disjointes, le grincement de la meule faisait un bruit infernal.

L'homme, compatissant, offrit de les loger pour le reste de la nuit. Mais on ne trouva, dans ce moulin, que de la paille pour se coucher, et, pour toute nourriture, que du pain de seigle, que la princesse mordit à belles dents, sans même pouvoir ôter ses gants que la pluie avait trempés et collait à ses mains.

A la pointe du jour, il fallut repartir, Virey estimant que la frontière était trop proche pour que tout danger fût écarté. Et, le 30 novembre, à dix heures du matin, les fugitifs entraient dans Landrecies, ville forte des Pays-Bas.

Voilà donc un prince du sang français réfugié chez les Espagnols !

15

Le roi nu

Le 29 novembre 1609, sur les six heures du soir, un archer des gardes du corps arriva au Louvre, tout crotté de boue. Il demanda à voir le roi.

Il fut reçu par M. d'Elbène.

— C'est mon père, le garde-chasse Laperrière, qui m'envoie. Il appartient à M. le Prince.

Il raconta la fuite de Condé aux Pays-Bas espagnols.

— M'est avis, Monsieur, qu'ils sont bien loin à présent, s'ils courent encore.

Le roi était occupé à jouer aux cartes dans le cabinet qui lui servait de chambre, avec le comte de Soissons, les ducs de Guise et d'Épernon, Créqui et Bassompierre, quand Alexandre d'Elbène, gentilhomme ordinaire de la chambre, entra et vint annoncer la fâcheuse nouvelle, que confirma un moment après Testu, le chevalier du Guet.

— Ah ! mon ami, je suis perdu ! dit Henri IV en changeant de visage et se penchant vers Bassompierre. Cet homme emmène sa femme dans un bois ! Je ne sais si ç'a été pour la tuer, ou la faire sortir du royaume.

Il se leva, laissant ses cartes à Bassompierre, en ayant l'esprit d'ajouter :

— Prends garde à mon argent, et entretiens le jeu pendant que je m'en vas savoir de plus particulières nouvelles.

Il entraîna dans la chambre voisine — celle de la reine — M. d'Elbène, et fit signe au marquis de Cœuvres, au comte de Cramail, au duc d'Elbeuf et à Loménie, secrétaire d'État, de le suivre.

Marie était couchée. Elle venait de mettre au monde, quatre jours plus tôt, Henriette-Marie*, après des couches difficiles.

Le roi allait de long en large dans la pièce, le regard à ses pieds ; il s'arrêtait, reprenait sa marche, ou bien restait à trépigner avec un air tantôt décidé, tantôt irrésolu ; lorsqu'il relevait la tête et qu'il apercevait un nouveau visage, il demandait conseil ; et il exigeait une réponse sans laisser le temps de la réflexion ; ou, donnant tête baissée dans la première ouverture qu'on lui faisait, l'instant d'après, il changeait de manière, soit qu'il reconnût que le moyen choisi était impraticable, soit qu'il voulût se servir de tous les remèdes à la fois. Les courtisans, rangés en silence contre la muraille, s'interrogeaient de l'œil, n'osant se parler. Et Bassompierre, dévoré par la curiosité, de passer sa tête dans la porte, sous prétexte de rapporter au roi le gain du jeu. « Jamais, écrira plus

* Elle deviendra reine d'Angleterre.

tard le maréchal, je ne vis homme si éperdu et si transporté. »

Ainsi, dans l'heure même, et sans songer qu'il était devenu impossible d'atteindre le prince qui avait quinze heures d'avance sur ses poursuivants, il commanda d'envoyer le chevalier du Guet et ses archers après les fugitifs ; il dépêcha dans la nuit Rodel, d'Elborre, d'autres encore, puis Balagny, l'un de ses intimes, ainsi que Bovin, pour tâcher de rejoindre Condé et de le ramener. Ce fut ensuite au tour de M. de Vaubécourt, qui était lors à Paris, d'être expédié incontinent à Verdun, pour fermer le passage de la frontière lorraine ; enfin, il fut ordonné au comte de Peschère, gouverneur de Guise, d'empêcher Condé de se porter dans cette ville ou dans ses environs.

Henri IV recommanda toutefois à chacun d'avoir les plus grands égards pour le prince et sa suite, dans le cas où l'on parviendrait à s'en saisir.

De plus, non content d'avoir pris l'avis de ses proches, il voulut recueillir l'opinion de ses ministres, tout comme si l'enlèvement de Charlotte de Montmorency eût mis en jeu les intérêts de l'État.

Le chancelier arriva le premier. Après lui avoir conté de quoi il s'agissait, le roi l'interrogea sur ce qu'il semblait à propos de faire à ce sujet. Nicolas Brûlart, marquis de Sillery, répondit avec gravité que le prince de Condé ne prenait pas le bon chemin, et qu'il était regrettable qu'on ne l'eût pas mieux conseillé.

— Ce n'est pas ce que je vous demande, interrompit Henri impatienté. Je sais, aussi bien que vous, que le prince est condamnable, mais il s'agit des moyens de le châtier.

— J'estime donc, sire, qu'il faut le traiter en rebelle et rendre contre lui et ses adhérents les déclarations ordinaires.

Pendant que Sillery parlait, Villeroy et le président Jeannin avaient fait leur entrée ; et, de nouveau, le roi exposa le fait en peu de mots. Villeroy, après avoir montré de l'étonnement, dit qu'il fallait aussitôt envoyer des dépêches aux ambassadeurs français résidant près des cours étrangères, pour leur donner avis du départ du prince sans la permission de Sa Majesté, et même contre sa défense. Il fallait encore leur prescrire de demander aux souverains près desquels ils étaient accrédités, de ne pas le recevoir dans leurs États ou de le remettre aux mains de ces ministres.

C'était là la marche habituelle des affaires ; mais le roi jugea le procédé bien lent, tant il bouillait d'impatience. Et, se tournant vers le président Jeannin, qu'il avait en grande affection et estime, il lui fit signe d'opiner.

— Sire, mon avis est de faire courir après le prince un capitaine des gardes du corps qui tâchera de le ramener. Et, s'il ne peut venir à bout, il le suivra jusque dans sa retraite. Il déclarera de votre part aux puissances chez lesquelles il se sera réfugié, que vous leur ferez la guerre, à moins qu'elles ne vous le livrent.

— Ne pensez-vous pas que mon neveu a pu monter son coup, et s'entendre au préalable avec les souverains ?

— Je ne crois pas, sire, que le prince ait prémédité son départ, et je doute aussi qu'à l'avance il se soit précautionné d'une puissante protection. Je suis le plus trompé du monde s'il n'a jeté son plomb sur les Pays-Bas.

— S'il se rend à Bruxelles, il n'y peut être que bien reçu !

— Non, sire. Je suis persuadé qu'il a mal fait son compte, et, qu'au contraire, il y sera mal accueilli.

— Pourquoi donc ?

— Outre que le prince n'a nulle habitude avec l'archiduc, qui n'aura pour maintenir le rebelle aucun ordre, l'Espagne, qui craint Votre Majesté plus qu'elle ne l'aime, ne voudra pas s'attirer sur les bras une guerre qu'elle ne souhaite pas. Elle préférera donc, selon moi, faire sortir le prince de ses États, ou le livrer à Votre Majesté.

Ces paroles énergiques ne pouvaient que plaire au monarque. Toutefois, avant de rien décider, Henri IV voulut entendre l'avis de Sully.

Il l'envoya mander à l'Arsenal par M. de Praslin.

Le surintendant était couché lorsqu'il vit le capitaine des gardes entrer dans sa chambre, sur les onze heures du soir.

— Oh ! mon cousin. Que me veut le roi à cette heure ?

Et, sans laisser à Praslin le temps de s'expliquer :

— Pardieu ! il me fait mourir à force de me tourmenter. Je ne saurais vivre et ne dormir point... Il faut que je me lève demain à trois heures du matin pour voir des lettres et des états que j'ai reçus et y faire réponse. Il me faut tenir des agendas de tout ce que je dois faire dans la journée, de ce qui doit se discuter au Conseil, de ce que je dois dire au roi. Jugez si, m'en allant à cette heure au Louvre, d'où je ne saurais revenir, quelque diligence que je fasse, qu'il ne soit deux ou trois heures après minuit, je puis m'acquitter de tout cela avant qu'il soit huit heures du matin, qu'il faut que je me rende au Conseil !

— Je vous sais fort occupé, et le roi lui-même ne l'ignore pas ; car il a dit tout haut devant la compagnie que je vous mettrais en colère, vous venant quérir.

— Eh ! bien, voilà en effet de bonnes raisons pour ne point me lever...

— Non, Monsieur, il vous faut venir ; car c'est pour une affaire qui agite fort l'esprit du roi, et à laquelle il estime que, s'il y a quelque remède ou expédient à trouver, vous seul en êtes capable.

— De quoi s'agit-il donc, que cela ne puisse attendre ?

Praslin exposa la situation.

— Ho ! Ho ! Est-ce vraiment pour cette affaire-là qu'on me demande ? Vraiment, il y aura de la colère. Or, allons donc, mon cousin !

Sully arriva au Louvre avec un air brusque et une mine renfrognée.

— Eh bien ! lui dit Henri en lui prenant la main, notre homme est parti et a tout emmené. Qu'en dites-vous ?

— Sire, je ne m'en étonne pas et l'avais prévu ;

et je vous avais dit, il y a longtemps, qu'il ferait cette folie ! Si vous aviez cru le conseil que je vous donnais lorsqu'il allait à Muret, vous l'auriez mis à la Bastille, où vous le trouveriez à présent, et je vous l'aurais bien gardé.

— C'est une affaire faite, il n'en faut plus parler. Mais que dois-je faire, cependant ? Donnez-moi votre avis.

— Parbleu ! je ne sais, dit Sully, bien embarrassé de répondre.

— Mais encore ?

— Laissez-moi retourner à l'Arsenal, où je souperai ; puis je me coucherai et, pendant la nuit, je songerai à quelque expédient dont je vous entretiendrai demain au matin.

— Non ! Non ! je veux que vous me disiez tout à l'heure votre pensée.

— Si vous me pressez maintenant, sire, je ne vous dirai rien qui vaille. Mon jugement ne va pas si vite ! Laissez-moi au moins quelques minutes de réflexion.

Disant cela, le ministre allait dans la chambre les mains derrière le dos, avec des mouvements de tête et des haussements d'épaule. Chaque fois qu'il passait devant le prince, ce dernier demandait :

— Eh bien ?

Puis Sully s'approcha de la fenêtre qui regardait dans la cour. Il y resta un temps assez long à réfléchir, cependant que ses doigts, distraitement, tambourinaient sur les vitres. Il revint ensuite vers le roi.

— Que faut-il faire ? Qu'avez-vous trouvé ?

— Rien.

— Comment, rien ?

— Oui, rien du tout. En ne faisant rien, vous témoignerez que vous ne faites point grand cas du prince ; et, cela étant, personne ne le secourra. Ses amis même l'abandonneront, tout le monde le raillera, et, en moins de trois mois, il sera, de soi-même, forcé de rentrer au gîte. Si, au contraire, vous montrez de l'empressement à le ravoir, il n'en faut pas davantage pour lui donner de l'importance ; des gens même de la cour lui prêteront de l'argent ; et tels qui l'auraient abandonné si vous ne vous en étiez pas soucié, le soutiendront pour avoir le plaisir de vous chagriner.

Le conseil était sage ; mais le roi avait l'âme trop agitée pour goûter un avis si judicieux, et il préféra s'arrêter à celui du président Jeannin, qui flattait davantage sa passion.

M. de La Force fut donc occupé jusqu'à deux heures du matin à expédier en toute hâte des exempts vers la frontière du Nord ; et M. de Praslin reçut l'ordre de partir le lendemain matin pour enjoindre au prince, partout où il serait, de rentrer en France et, s'il s'y refusait, pour inviter au nom du roi l'archiduc Albert de Bruxelles, capitale des Pays-Bas, ou les Provinces-Unies (c'est-à-dire la Hollande) à ne pas donner asile aux fugitifs.

— Allez vous coucher, dit le roi en embrassant Sully, et dormez jusqu'à huit heures. Car j'aime mieux que le Conseil ne se tienne point demain, et que mes affaires d'ordinaire attendent pour ce jour-là, que d'incommoder votre santé !

16

Un hôte encombrant

Condé, se croyant en sûreté à Landrecies, résolut d'y demeurer vingt-quatre heures. C'était bien le moins qu'il fallait pour se remettre des fatigues du voyage. Mais, le lendemain matin, comme la petite troupe allait reprendre son chemin, on refusa de lui ouvrir les portes.

Dans l'intervalle, l'exempt La Chaussée et ses archers étaient arrivés à Landrecies, sans avoir pu rejoindre les fugitifs. Presque en même temps, survenaient Testu, le chevalier du Guet, qui jouait à l'habile homme, tant il croyait qu'on allait lui remettre aussitôt le prince ; Balagny qui, emporté par son élan, poursuivait son chemin jusqu'à Bouchain, et promettait de s'emparer de Condé « mort ou vif » ; Praslin, qui faisait l'important avec le cordon bleu du roi sur sa tenue ; d'autres encore, de bons valets ou des agents plus ou moins accrédités et tous remplis du même zèle. De sorte qu'on ne voyait dans la ville que cavaliers, officiers ou soldats français, cependant que Vaubécourt et

Peschère étaient occupés à surveiller la frontière.

La patente de La Chaussée enjoignait d'arrêter le prince « avec tout ce qui était à sa suite » ; et, comme Henri IV, devant trouver une raison acceptable pour motiver sa demande, ne pouvait mettre en avant le prétexte de sa passion pour Charlotte, il accusait son parent de « cabaler contre son service ».

Cependant, Condé s'était rendu à la maison de ville pour réclamer le droit et la sûreté qu'on doit aux voyageurs.

Grand fut l'embarras des magistrats : s'il leur paraissait à peu près impossible de laisser un officier de police français exercer son ministère sur les terres du roi d'Espagne, ils pouvaient encourir une responsabilité bien grande si, par leur attitude, ils étaient cause d'une nouvelle querelle du roi de France avec son puissant voisin. L'exempt se faisant pressant, et le gouverneur de la place étant absent, les échevins décidèrent d'en référer à leurs supérieurs, et de retenir Condé en attendant des instructions. On autorisa seulement le marquis de Rochefort à se rendre auprès des archiducs pour leur demander asile et protection. Le prince leur écrivit dans le même sens, les priant de leur accorder un sauf-conduit : pour lui, afin qu'il puisse se rendre directement à leur cour et leur démontrer sa bonne foi ; pour sa femme, qui ne cherchait qu'à se mettre en sûreté chez la princesse d'Orange.

Ceux qu'on nommait « les archiducs », c'étaient le frère de l'empereur Rodolphe II, l'archiduc

Albert, et sa femme Isabelle, sa propre cousine et la fille de Philippe II d'Espagne, à qui ce dernier avait cédé les Pays-Bas.

Or les archiducs n'étaient point à Bruxelles, mais à douze lieues de là, au château de Marimont, dans le Hainaut. C'était une belle résidence bâtie au siècle précédent par la reine de Hongrie, sœur de Charles Quint, ravagée ensuite par les armées de Henri II, et qu'on venait de restaurer d'après les dessins qu'en avaient pris d'éminents artistes.

Albert et Isabelle quittaient ordinairement Marimont vers la fin de novembre, afin d'assister, le 30 du même mois, à Bruxelles, aux cérémonies annuelles de la Toison d'Or. Mais, cette année-là, une attaque de goutte retint l'archiduc Albert à la campagne plus longtemps qu'il n'aurait voulu. Il envoya donc à Bruxelles son principal conseiller, le marquis Ambrosio Spinola, pour représenter Leurs Altesses aux fêtes commémoratives.

La nouvelle de l'arrivée de Condé aux Pays-Bas causa d'abord quelque humeur aux souverains ; aussi refusèrent-ils, non seulement de donner audience à Rochefort lorsqu'il se présenta à Marimont, mais encore de recevoir la lettre qu'il leur apportait de la part de son maître. Lettre et gentilhomme, tout fut renvoyé au duc d'Arschot, gouverneur de la province, lequel se garda bien de prendre sur lui une décision aussi grave : il ne voulut point voir Rochefort sans connaître les intentions de Leurs Altesses.

Trois jours se passèrent ainsi en pourparlers,

courses, chassés-croisés, contretemps, incertitudes. Pourtant, il fallait se prononcer, car Praslin venait d'arriver à Bruxelles, où il se montrait fort pressant, alors qu'à Landrecies, les différents envoyés du roi, avec leur encombrante escorte, devenaient assez incommodes, tour à tour sollicitant et menaçant les magistrats, ou s'adressant au prince lui-même pour l'engager à se soumettre de bonne grâce. Et Condé, ainsi harcelé, ne laissait pas de montrer quelque inquiétude, puisqu'il lui échappa de dire « qu'il s'était embarqué sans biscuit ». Mais Virey, soutenant son courage, l'engageait à ne rien abdiquer de ses desseins.

Enfin, dans la nuit du 2 au 3 décembre, le marquis de Rochefort (qui était toujours en chemin, bravant le froid et évitant tous les pièges qu'on lui tendait) revint porteur de la décision attendue.

Les prétentions du roi de France n'étaient pas admises. La princesse de Condé avait licence de se rendre à Bruxelles auprès de sa belle-sœur, la princesse d'Orange. Quant à Condé, la faveur qu'il avait un peu humblement sollicitée « de baiser la main de Leurs Altesses » ne lui était pas accordée : il devait quitter les Pays-Bas sous trois jours.

La petite cour de Bruxelles espérait ainsi ne point donner ombrage au roi de France, voire lui témoigner, dans cette circonstance, quelque déférence ; et, dans le même temps, elle faisait respecter le droit des gens. Et Condé, dont la crainte était fondée de ne pas trouver aux Pays-Bas un asile aussi sûr qu'il l'avait espéré, laissa la princesse poursuivre sa route sous la conduite de Virey, alors que lui-même, trompant la surveillance qu'on exerçait à son encontre, partait de Landrecies, le 4 décembre au matin, avec Rochefort, Toiras et quelques arquebusiers pour escorte.

Après avoir couché le soir à Fleurus, il descendit le lendemain à Namur dans une hôtellerie portant un ange pour enseigne ; puis, abandonnant leurs chevaux à demi fourbus, les trois hommes, qui s'étaient donnés dans cette ville pour des gentilshommes lorrains, s'embarquèrent sur la Meuse ; par Liège et Aix-la-Chapelle, ils gagnèrent Juliers.

La ville était alors au pouvoir de l'archiduc Léopold, que l'empereur Rodolphe y avait envoyé comme séquestre, tant que durait la contestation au sujet de la succession des duchés de Clèves et de Juliers. Henri IV ne semblant que trop disposé, dans cette affaire, à prendre le parti des princes (fussent-ils huguenots) les plus opposés aux prétentions impériales, l'archiduc ne voulut pas donner au roi de France un nouveau prétexte pour une intervention armée ; aussi engagea-t-il aussitôt Condé à se rendre à Cologne, ville libre dont les traditions d'indépendance s'étaient affirmées maintes fois dans le passé. En effet, le 8 décembre, quand Condé et ses amis pénétrèrent à Cologne, les magistrats, trop heureux de cette occasion d'être désagréables à Henri IV, leur réservèrent la meilleure des hospitalités. Non contents de leur octroyer la sauvegarde, ils assurèrent le prince que, pour quelque raison que ce fût, il ne serait pas livré au roi de France.

Pendant ce temps, Charlotte de Montmorency

était descendue à l'hôtel du prince d'Orange à Bruxelles. Mais elle s'étonnait, avec le fidèle Virey, de trouver un palais vide et désert, avec des domestiques qui n'avaient point d'instructions pour les recevoir : la raison en était que la princesse d'Orange et son mari séjournaient à Bréda. Du coup, Virey, dévoré d'inquiétude que Praslin, qui était dans la ville, ne voulût tenter un coup de main pour enlever sa maîtresse, se tenait prêt à la protéger. Il emprunta le déguisement d'un soldat italien, se donna le nom de Pomponio da Sienna, et s'entremit avec l'intendant de la maison, Jean-Baptiste Kerman, pour envoyer des courriers aux archiducs, encore à Marimont, et faire mettre une garde à cheval autour de la princesse.

Praslin n'était ni préparé ni décidé à violer le droit des gens d'une manière aussi éclatante. Il lui eût fallu au moins, pour faire une tentative de cette sorte, avoir l'assentiment du prince d'Orange ; et, ne désespérant pas de l'obtenir, il partit aussitôt pour Bréda.

Philippe-Guillaume de Nassau, bien qu'il fût le fils du grand Guillaume le Taciturne, se montrait peu enclin aux actions héroïques : ce filleul de Philippe II avait connu une captivité de vingt-huit années en Espagne, ce qui avait contribué à affaiblir son caractère ; de sorte qu'à présent il n'aspirait plus qu'à jouir en repos de son immense fortune. Pourtant, Praslin comptait qu'en invoquant les vieilles relations de Henri IV avec la maison de Nassau, il animerait facilement le prince d'Orange à se prêter au désir du roi. Mais le marquis ne put rencontrer Philippe-Guillaume ; et, s'étant rabattu sur sa femme, Éléonore de Bourbon, il se heurta à une princesse fière et très dévouée aux intérêts de son frère Condé. Praslin en reçut un accueil tel, qu'il se résolut à une prompte retraite ; et, considérant sa mission comme terminée — quoique infructueuse — il s'employa à regagner Paris par les voies les plus rapides.

Bientôt, les Nassau rentrèrent à Bruxelles, où ils accueillirent Charlotte de Montmorency avec toute l'affection qu'elle était en droit d'en attendre, et aussi tous les honneurs dus à son rang. Comme la jeune femme manquait de tout, n'ayant emporté de Muret qu'un peu de linge, la princesse d'Orange lui fit donner des robes, des chemises, des rabats. Puis elle voulut la présenter elle-même à l'Infante.

A leur entrée dans la salle du trône, Isabelle, suivant en cela l'étiquette espagnole, fit onze pas au-devant d'elles ; et, après avoir reçu leurs révérences, elle conduisit Mme de Condé, qui marchait à sa droite, jusque sous le dais, où elle lui fit donner deux carreaux pour s'asseoir à ses côtés.

L'Infante, tout en louant la beauté de Charlotte, lui dit :

— Je vous estime bien plus encore, Madame, pour avoir suivi le prince votre époux que pour tout le reste.

Elle ajouta que, selon elle, la plus grande beauté d'une femme était d'obéir à son mari et de préférer son honneur à toutes choses.

Bien que la jeune Charlotte fût très émue, elle

remercia avec grâce l'Infante ; et les assistants, dont la plupart avaient le teint hâlé et les cheveux noirs, s'émerveillèrent de la blancheur incomparable de son teint, de sa blonde coiffure, de ses yeux bleus, de ses lèvres vermeilles, et de l'innocence de son sourire.

A quelques jours de là, la princesse reçut à l'hôtel de Nassau la visite de l'archiduc. Elle vint à sa rencontre au bas du grand escalier, et Albert l'accompagna le chapeau à la main jusque dans sa chambre, où ils restèrent à s'entretenir pendant deux heures. L'archiduc, qui était un homme réservé, voire assez timide, demeura tout ce temps les yeux fixés à terre, sans oser porter ses regards sur la jeune femme, tant elle faisait impression sur lui. Cela ne l'empêcha pas de la bien voir ; car, en partant, comme elle le raccompagnait, et qu'ils traversaient une galerie où étaient aux murs les portraits de plusieurs grandes dames :

— On a tenu autrefois ces femmes-là pour belles, lui dit-il. Mais à cette heure, Madame, il ne faut pas parler d'autre beauté que de la vôtre.

Il est vrai que chacun s'accordait à trouver Mme de Condé charmante, tant elle alliait en elle la grâce naturelle de l'enfance et la coquetterie de la femme. Et elle eut tôt fait de tourner la tête aux jeunes gentilshommes de la cour, tant wallons qu'espagnols, et dont son salon, à présent, ne désemplissait pas.

17

Lettres, dépêches, manifestes et billets doux

Bien que les intérêts de l'archiduc Albert fussent subordonnés à ceux du roi d'Espagne, son attitude visait à ne pas compromettre les bonnes relations qu'il avait avec la France. « J'ai satisfait aux lois de l'amitié, publiait-il, en ne permettant pas au prince de Condé de résider dans mes États ; mais la justice et l'humanité s'opposent à ce que je l'empêche de les traverser. Je le crois actuellement hors de ce pays ; si mes bons offices peuvent le disposer à rentrer en France, je m'y emploierai vivement ; mais je ne consentirai jamais à l'arrêter, ni à le laisser résider chez moi. »

Une conduite aussi prudente, mais loyale, ne pouvait qu'être approuvée par ceux qui savaient faire taire leurs passions : parmi eux, Bentivoglio, nonce à Bruxelles, qui, dans ses dépêches au cardinal Borghèse à Rome et au nonce Ubaldini à Paris, marquait que l'archiduc, dans cette affaire, montrait une circonspection extrême et propre à éviter toute querelle ; et Brûlart de Berny, le résident français, déclarait hautement que Son Altesse n'aurait pu agir autrement sans se déshonorer.

Naturellement, ce n'était pas l'avis de Henri IV. Connaissant le caractère irrésolu de son neveu, il refusait de croire qu'il n'avait pas obéi à des suggestions étrangères ; et il était si convaincu qu'il y avait entente secrète entre le prince et l'Espagne, qu'il se laissa aller à dire qu'il irait le chercher, s'il le fallait, avec une armée de cinquante mille hommes et de dix mille chevaux. Don Inigo de Cardeñas, ambassadeur à Paris, s'émut de cette parole imprudente, qu'il fallut bientôt démentir, encore que le marquis de Spinola pût déclarer, de Bruxelles, que la guerre n'était pas à craindre, et qu'on ne mettait pas cinquante mille hommes en campagne aussi facilement qu'on fait pour la chasse au cerf. Au demeurant, ajoutait-il, les forces de Philippe III, alliées à celles de l'archiduc, étaient assez puissantes pour résister aux entreprises du roi de France.

Henri IV n'en écrivait pas moins, le 5 décembre, au comte de Vaucelas, son ambassadeur à Madrid, une lettre qui se voulait intimidante : il avait toujours chéri son neveu et l'avait comblé de biens ; mais, comme le prince avait un goût immodéré pour les voyages à l'étranger, il avait pensé l'en guérir en le mariant ; pourtant, à peine avait-il pris femme que, certaine nuit, il s'achemina en effroi et désordre vers les Pays-Bas. Et Henri de menacer de représailles quiconque oserait retenir le prince loin de sa cour : « Je rechercherai à me venger par tous les moyens que Dieu me conseillera. » Vaucelas ne manqua pas de transmettre aussitôt cet avertissement du roi très chrétien au roi catholique.

Le lendemain, dans une lettre à M. de Brèves, son ambassadeur à Rome, Henri IV répète ses menaces à l'égard de l'Espagne, ajoutant qu'il a « les moyens et le courage plus puissants que jamais » pour se venger des injures qui lui seraient faites. Enfin, dans son manifeste aux gouverneurs des Provinces-Unies, son ressentiment perce encore : après avoir raconté la fuite du prince en tournant les choses à son avantage, il termine en assurant « qu'avec eux il avait assez de vigueur et de force pour réprimer une semblable désobéissance à la gloire du nom français et à la honte des ennemis d'icelui ».

Comme on s'en doute, la rédaction de ces déclarations coûta beaucoup aux secrétaires d'État, obligés qu'ils étaient de donner des raisons politiques à un fait dont chacun connaissait les causes réelles et peu avouables.

De son côté, Condé écrit à Henri IV et au président de Thou ; il écrit au roi d'Espagne et au duc de Lerme ; il écrit encore à l'empereur Rodolphe ; il écrit enfin au pape et au cardinal Borghèse.

Dans sa lettre à Henri IV, le prince s'efforce de justifier sa conduite ; il assure son parent qu'à moins d'y être forcé, il ne fera jamais rien de contraire à son service ; en terminant, il prie le roi de ne pas trouver mauvais qu'il refuse de recevoir désormais les lettres qu'on lui adressera de la cour de France, à l'exception de celles qu'il plaira à Sa

Majesté de l'honorer. De cette manière, Condé tâchait d'éliminer des intermédiaires tels que ministre ou ambassadeur, qu'on pouvait toujours désavouer en les accusant d'avoir dépassé leur mission, et cherchait à engager, pour traiter de sa réconciliation, la personne et la signature royales.

Au président de Thou (que Henri IV soupçonnait de complicité dans cette affaire), Condé écrivit une lettre détaillée, à laquelle de nombreuses copies devaient donner une certaine publicité, et où il laissait entendre que Sully lui-même lui avait conseillé de quitter la France. Furieux, le surintendant répliqua en adressant au prince une longue missive que, fidèle à ses engagements, ce dernier refusa de recevoir.

Au roi d'Espagne et à son premier ministre, le prince donna des explications assez succinctes, laissant le soin à l'ambassadeur près de la cour de Flandre d'en fournir de plus circonstanciées ; et il agit de même à l'égard de l'Empereur.

Enfin, Condé remit au nonce Bentivoglio deux lettres, l'une pour le pape, l'autre pour le cardinal Borghèse, où il demandait au premier sa protection pour ses affaires, et au second ses bons offices.

Pendant ce temps, la jeune Charlotte, dont l'entourage avait été gagné et corrompu par les agents de Henri IV, confiait à sa femme de chambre des billets que Girard de Tillay se chargeait de faire parvenir au Louvre. Et ces petits mots, écrits parfois en langage codé, laissaient au roi infortuné une seule ressource, celle de l'espoir.

18
Un bal

Si chacun s'accorde à juger que Henri II de Bourbon a eu raison de sortir du royaume, personne ne veut croire que sa vie soit, comme il le prétend, en danger, Henri IV ayant l'habitude de traiter ses amours par des voies plus ordinaires.

Toutefois, les ministres espagnols ne sont pas fâchés que le roi de France soit empêtré dans des brouilleries domestiques : quelle occasion plus belle et plus commode pouvait-on désirer pour mettre un frein aux passions mal modérées de ce monarque ? L'envoi, d'une cour à l'autre, d'agents nombreux, comme l'expédition continuelle de dépêches au ton parfois vif, montraient bien que la fuite du prince causait à Henri IV de sérieux embarras, et donnaient à l'événement une véritable importance politique. Et les conseillers castillans des archiducs — porte-parole de la cour de Madrid — trouvaient bien malhabile de ne point profiter de la situation.

Sans doute, la personne même de Condé n'inspirait qu'un intérêt médiocre, et son infortune n'était pas de celles qui excitent beaucoup la pitié, d'autant que la beauté de Charlotte disposait bien des cœurs à l'indulgence pour son royal amant.

Quant aux parents de la jeune femme, ils commençaient à s'émouvoir de son absence prolongée et de l'abandon dans lequel la laissait, disait-on, Condé. Le connétable le premier, soit qu'il crût réellement aux mauvais traitements dont on accusait son mari envers elle, soit qu'il voulût témoigner de la complaisance pour le roi, affectait de se plaindre hautement de M. le Prince ; et, bien qu'il fût un père des moins tendre, il ne cessait de s'apitoyer sur les malheurs de sa fille. Inspiré peut-être par Henri IV, et dans l'espoir qu'une démarche de sa part pourrait la ramener à la maison paternelle, il dépêcha à Bruxelles son cousin, Louis de Montmorency-Boutteville. Le gentilhomme parvint à s'entretenir avec Charlotte, à qui il remit trois cents pistoles, prodigua des consolations, et assura qu'elle n'était pas oubliée du roi. Il ne fut pas reçu par Albert, mais seulement par le directeur de ses finances ; et Henri IV croyait si peu à la réussite de l'entreprise que, sans en attendre le résultat, il faisait proposer à l'archiduc, par l'ambassadeur Pecquius, de rappeler Condé à Bruxelles pour qu'on pût traiter plus aisément avec lui de sa réconciliation.

La demande du roi de France mit à l'aise l'archiduc, car il avait l'air d'acquiescer aux demandes répétées de la cour de Madrid sans qu'il parût y céder.

Dès que Virey, qui était logé à l'enseigne du Loup, où il avait avis de tout par des billets qu'on lui apportait la nuit, apprit la nouvelle, il se mit en route, en compagnie de Toiras, pour aller rencontrer le prince à Louvain. Il reste que le véritable artisan du retour de Condé dans la capitale des Pays-Bas fut Ambrosio Spinola, qui voulut aller lui-même le chercher dans sa retraite.

Né quarante ans plus tôt à Gênes dans une famille illustre, mais qui avait renoncé depuis un siècle aux affaires publiques pour se consacrer au commerce avec les pays du Levant, Spinola avait quitté son comptoir pour forger, grâce à son immense fortune, une armée qu'il voulait offrir au roi d'Espagne. Bientôt, les vieux hommes de guerre des Flandres virent avec étonnement arriver un renfort de neuf mille soldats organisés, équipés et commandés par un négociant italien. Mais on s'étonna plus encore quand on vit celui qu'on ne croyait rompu qu'aux affaires du négoce remporter succès sur succès, réussir en somme là où tous les autres avaient échoué, et donner aux armes espagnoles cette direction habile qui leur manquait depuis la mort de Farnèse. Nourri de l'étude de la guerre et inspiré par une puissante intelligence, Spinola s'était seul montré capable de lutter contre Maurice de Nassau et de terminer le siège d'Ostende. Arrêté dans son élan par la trêve qui venait d'être conclue avec la Hollande, il supportait assez impatiemment l'inaction à laquelle il se voyait contraint ; et, avide de gloire, aimant les luttes difficiles, il lui tardait tant de se trouver un jour aux prises avec cet autre grand capitaine qui gouvernait la France, qu'il eût plutôt fait naître que manqué une occasion de conflit entre ce pays et l'Espagne.

La nouvelle de l'arrivée prochaine de Condé à Bruxelles fut saluée comme un triomphe par le parti espagnol. C'est le 22 décembre qu'il fit son entrée dans la ville, où l'on voulut lui rendre tous les honneurs. Il descendit de cheval à la maison du prince d'Orange et, accompagné de l'ambassadeur de Madrid et de tous les grands seigneurs de la cour, il alla faire ses premiers compliments à l'archiduc et à l'Infante. Les souverains le reçurent avec égards, sa sœur avec affection, et sa femme avec froideur.

Condé essaie de mettre les archiducs dans ses intérêts en s'efforçant de leur plaire, car il n'a pas manqué de voir que, derrière les hommages qu'on lui rend, ils lui témoignent quelque tiédeur. Comme il les sait assez dévots, il reste avec eux, le jour de Noël, de neuf heures du soir à deux heures du matin, à la chapelle du palais ducal ; et, avec Rochefort et Boutteville, il va ensuite à l'église du Sablon où il se laisse infliger à la suite les vêpres, un sermon, des complies et deux saluts.

Les archiducs continuent de le recevoir avec politesse ; mais il s'offusque de ne point se voir traiter par eux d' « altesse » : du coup, il s'en va à Malines et à Anvers, pour les cérémonies religieuses du début de l'an 1610. Aux Pays-Bas, il a le loisir de circuler et de visiter des villes ; mais sa liberté de mouvement reste relative, tant les souverains redoutent de le voir conspirer ouvertement.

Rentré à Bruxelles le 5 janvier, il boude un bal donné à la cour, et où la beauté rayonnante de Charlotte fait l'admiration de tous. Il paraît toutefois le lendemain à la fête offerte pour le jour des Rois par le marquis de Spinola.

A l'entrée de l'hôtel, étaient rangés vingt-quatre laquais portant des torches, et des arquebusiers formaient une haie d'honneur. On mena tout d'abord les hôtes dans la salle du festin, où leur était servi un somptueux repas froid ; on s'émerveilla d'y trouver, entre des pâtés de venaison et de la salade de grenades, de la gelée de corne de cerf, qui passait pour un mets très délicat. On ne voyait partout que des plantes vertes et des étendards et, sur les tables et aux murs, d'innombrables chandelles de cire répandaient des senteurs de musc ou d'autres parfums rares. Seuls étaient assis les princesses, les dames de la haute aristocratie, les princes de Condé, d'Orange et de Ligne, le nonce Bentivoglio, l'archevêque de Cambrai et don Pedro de Velasquez, grand aumônier des archiducs. Le repas dura deux heures ; après quoi, l'on ouvrit le bal, et M. le Prince fut le cavalier de Mme de Velasquez, tandis que le marquis de Spinola offrait son bras à Mme la Princesse. Durant toute la soirée, où les grandes dames espagnoles tinrent le rôle de maîtresses de la maison (Spinola étant veuf), des chants et des symphonies, venant de la pièce voisine, se firent entendre, alternant avec le son des trompettes au-dehors.

Cette fête, qui ne prit fin qu'à deux heures du matin, coûta au marquis près de quatre mille écus.

C'était, dira un témoin, « comme le Paradis terrestre » et, ce soir-là, Charlotte de Montmorency acheva de tourner les têtes, aussi bien des jeunes gentilshommes de la cour de l'archiduc, comme des plus graves hommes d'État et de guerre. Ambrosio Spinola, qui semblait avoir toujours su se mettre au-dessus des passions humaines pour ne s'occuper que des hautes questions de la politique, ne put dissimuler les sentiments que lui inspirait la jeune femme, au point qu'il voulut la faire portraiturer, et que, pour garder l'image de ses traits admirables, il fit venir d'Anvers le peintre Paul Rubens. Il n'y eut pas jusqu'à Bentivoglio lui-même (qui avait troqué sa robe de cardinal pour un habit plus seyant et mieux approprié à la circonstance) qui ne fut insensible à l'éblouissante beauté de la princesse, et au charme qui émanait de sa personne.

Charlotte de Montmorency eut le bon goût de laisser voir à ces deux hommes, dont l'un était le ministre tout-puissant du roi catholique, et l'autre le représentant du chef spirituel de la chrétienté, qu'ils ne lui étaient pas tout à fait indifférents.

19

Une ambassade

Condé était depuis trois semaines à Bruxelles, et rien ne laissait prévoir que les négociations entamées pour son retour en France fussent sur le point d'aboutir. Le résident Brûlart de Berny avait beau s'y employer, aidé par le cardinal Bentivoglio, qui s'en était mêlé à la demande expresse du nonce Ubaldini (en poste à Paris), leurs efforts demeuraient vains, leur prince étant conseillé dans sa conduite par les Espagnols de la cour qui prenaient chaque jour sur lui plus d'ascendant.

Le marquis de Guadalete, retournant de Bruxelles à Madrid et n'ayant pas voulu traverser Paris sans saluer le roi, Henri IV ne lui mâcha pas ses mots : si Condé ne lui était pas renvoyé, il tiendrait ce procédé pour un des plus grands *agravios* qu'il pût recevoir. Effrayé, le marquis doubla les étapes pour gagner Madrid et rendre compte à son souverain. Philippe III, sans rompre avec la France, et tout en ayant l'air de ménager des accommodements, voulut montrer une attitude ferme : il fit informer le roi très chrétien qu'il avait pris le prince de Condé sous sa protection. « Vous direz à ce roi, mandait-il à son ambassadeur don Inigo, que j'agis ainsi parce que ce prince est de mon sang. Mon but est de servir de médiateur dans cette affaire, et de contribuer de tous mes efforts au repos et au bonheur du roi très chrétien. Si je tenais une autre conduite, je croirais manquer aux sentiments d'amitié et de fraternité qui m'unissent à lui. » Ceci n'était que pour la façade ; car, dans la dernière partie de la dépêche qui n'était destinée qu'au seul ambassadeur, Philippe III ne cachait pas la réalité de ses sentiments à l'égard du roi très chrétien.

Le roi catholique écrivit aussi au prince pour l'assurer de sa sympathie ; et il accréditait auprès de lui, pour veiller à ses intérêts, l'un des membres de son conseil de guerre, le comte d'Añovar.

De son côté, Condé dut s'engager à ne pas traiter sans l'agrément de la cour de Madrid. En somme, le différend entre Henri IV et son neveu devenait une affaire qui opposait le royaume de France à celui d'Espagne.

Sur la fin de janvier 1610, arriva à Bruxelles un ambassadeur extraordinaire du roi de France. Depuis quelque temps déjà, il était question d'envoyer dans la capitale des Pays-Bas espagnols un haut personnage de la cour qui eût l'autorité voulue pour soutenir la réclamation du monarque et qui saurait traiter aussi avec le prince rebelle.

On s'attendait que cette mission serait confiée au duc de Bouillon qui possédait à la fois la confiance des deux époux et de leurs familles. Mais Henri IV, qui n'avait pas une sympathie fort grande pour ce prince, s'apprêtait à arrêter son choix sur le président Jeannin, quand les amis de Condé jetèrent les hauts cris : c'était l'homme qui avait été chercher le maréchal de Bouillon, exécuté quelques années plus tôt ! Henri IV n'insista pas et désigna le marquis de Cœuvres.

François-Annibal d'Estrées, marquis de Cœuvres, était le frère de Gabrielle. D'un caractère indomptable, et jouissant d'une grande faveur auprès du roi, il était tenu pour l'un des hommes les plus valeureux qui fussent en France. Dès lors qu'il était investi d'une mission, il n'avait de cesse qu'elle réussît, de même qu'ayant épousé une cause, il fallait qu'elle triomphât : c'est dire que, pour parvenir à ses fins, il s'embarrassait peu de scrupules. Or Cœuvres était lié de longue date avec Condé, qui s'était empressé de lui écrire, comme à un de ses amis les plus sûrs, à son retour de Cologne. Henri IV en ayant fait son ambassadeur, le marquis ne songea plus, avec un dévouement aveugle, qu'à exécuter le programme du roi : aussitôt, Condé fut pour lui un ennemi, et sa femme une malheureuse victime soustraite à l'affection de son maître.

Cœuvres arriva à Bruxelles avec une douzaine de gentilshommes arrogants, alors que rien n'avait été organisé pour leur venue. En hâte, l'archiduc les fait installer dans un bel hôtel richement meublé, où il les traite avec « force régalement de vins et de vivres ». Souffrant une fois de plus de la goutte, il ne pourra recevoir que quelques jours plus tard l'envoyé du roi de France.

Le marquis remet à Albert une lettre de Henri IV :

« Mon frère, j'ai su du sieur Pecquius, votre ambassadeur, la peine que vous avez prise envers mon neveu, le prince de Condé, pour le faire sage, et le peu que vous y avez avancé : dont je suis très marri, autant pour s'être montré indigne de votre recommandation et faveur, que de ma bonté. »

Cœuvres apporte aussi à l'archiduc une lettre du connétable :

« Sérénissime prince, Votre Altesse a déjà donné tant de témoignages de sa bonne volonté et courtoisie à Mme la Princesse, ma fille, que j'ose me promettre qu'elle les lui continuera, et qu'elle ne voudra point souffrir, puisque Mgr le Prince ne veut point revenir en France, qu'elle sorte de Bruxelles pour être errante par le monde à suivre un jeune prince, lequel n'a aucun dessein arrêté en son esprit. »

Les instructions avouées du marquis comprenaient trois propositions successives : d'abord il devait tenter de réconcilier le prince avec le roi ; s'il n'y parvenait pas, il s'efforcerait de le faire consentir à quitter les Pays-Bas et à se retirer dans une ville hors de l'influence espagnole ; et, dans ce cas, le choix de Rome aurait été favorablement accueilli par la France ; enfin, si aucune de ces tentatives ne réussissait, il ne restait plus à Cœuvres qu'à proposer le divorce. Toutefois, comme Henri IV était pressé d'aboutir, et que les deux dernières propositions devaient entraîner nécessairement des délais assez longs, il fallait à tout prix trouver une solution aux difficultés que présentait la première : chacun voulut s'y employer, non seulement les deux ambassadeurs, ordinaire et extraordinaire, du roi de France, mais aussi les ministres de l'archiduc, sans parler de négociateurs officieux, comme le prince d'Orange ou le nonce du Saint-Père.

A l'archiduc, le marquis de Cœuvres exagéra les bienfaits que Condé avait reçus du roi ; il s'étendit sur le blâme de ses actions, tenta de justifier l'attitude du monarque, et dit que le seul accommodement possible était le retour du prince : il fallait donc que l'archiduc l'attirât dans ces sentiments.

A ce discours, Albert ne fit que des réponses vagues, assurant qu'il n'avait fait venir Condé en Flandre que dans le dessein de faciliter une négociation. Sans se démonter, Cœuvres fit instance au nom du roi que, si Condé quittait les Pays-Bas, sa femme fût rendue au connétable, son père, et à sa tante, la duchesse d'Angoulême, qui l'avait élevée. A quoi l'archiduc eut beau jeu de répondre qu'il ne pouvait disposer de la princesse sans que son mari voulût. Mais Cœuvres, plus ferme que jamais :

— Votre Altesse comprendra qu'il ne peut convenir au roi de traiter avec un de ses sujets, sans autoriser les autres à lui manquer de respect. Or ce ne sont point des conditions que le prince doit poser au roi, c'est sa soumission qu'il doit lui offrir, c'est son pardon qu'il doit implorer.

Albert propose alors que le prince se retire dans une ville neutre de l'Allemagne ou de l'Italie.

— Ce serait jeter Condé dans les bras des Espagnols, car Votre Altesse n'ignore pas que, s'il réside en Espagne, en Flandre, en Allemagne ou ailleurs, Sa Majesté catholique pourra l'entretenir quelque part qu'il fût, en attendant l'occasion de se servir de sa personne pour jeter le trouble en France.

Les prétentions des envoyés français paraissaient si exagérées, qu'on crut à Bruxelles qu'ils outrepassaient leurs instructions ou qu'ils en forçaient le sens. Et l'on chargea l'ambassadeur à Paris de sonder le roi et d'en obtenir des conditions plus favorables. Mais Henri IV, sans laisser à Pecquius le temps de présenter sa requête, répéta qu'il n'accorderait son pardon au prince qu'à la condition de rentrer incontinent dans son royaume. Il ajouta que, Condé s'en rendant indigne par son opiniâtreté, il ne voulait plus penser à cette réconciliation, et qu'il était temps de l'expulser des Pays-Bas, comme l'archiduc avait promis au marquis de Cœuvres de le faire.

A ces mots, Pecquius fit un pas en arrière et prit un air grandement étonné.

— Je ne sache pas, sire, que Son Altesse ait jamais fait une telle promesse au marquis.

— Si fait, Monsieur, dit le roi avec aplomb.

L'autre protesta que son maître ne lui en avait rien dit, et il insista tant sur ce point que, Henri IV, en riant pour dissimuler son embarras, finit par changer de langage :

— Non, non, je m'abuse, je me méprends, le marquis ne me l'a pas écrit ainsi. Mais ne m'aviez-vous pas assuré vous-même qu'il n'y aurait pas de difficulté à cela, si le prince voulait demeurer obstiné ?

Et, sans attendre la réponse, Henri IV ajouta :

— Puisque vous désavouez ceci, Monsieur, je vois bien que l'archiduc n'a point envie de me faire du plaisir, et que ce sont de piperies dont vous avez usé jusqu'à présent.

Il congédia l'ambassadeur en tâchant de lui faire sentir que les menées de l'Espagne pourraient bien attirer quelque gros orage sur les paisibles archiducs.

— Bien, dit-il en conclusion. Chacun verra ce qu'il a à faire.

La princesse de Condé se trouvait au centre d'un drame héroï-comique : courriers, dépêches, intrigues, confidences vraies ou controuvées, voire trahisons, composaient la trame de cette histoire de famille devenue une affaire d'État, puis une querelle entre nations, les sentiments ayant cédé le pas à la haute politique.

Aucun moyen n'était négligé pour intimider la petite cour de Bruxelles. Le roi ayant parlé, menacé, tempêté, il envoyait maintenant le connétable conter en pleurant à Pecquius que M. le Prince maltraitait sa fille et « la rabrouait de ce qu'elle ne caressait pas assez Spinola » ; que le marquis de Rochefort, entrant dans la chambre de la princesse, « avait tiré en leur présence et à leur grand effroi des coups de pistolet, dont il allait garni en ses poches, disant que c'était pour quiconque voulait du mal à son maître ». Chacun s'en mêlait, jusqu'au père Cotton qui vint, non sans quelque embarras, supplier Pecquius de s'entremettre et d'adoucir les choses « pour le bien de la chrétienté ».

Et le pape lui-même se disait vivement pressé de hâter le retour en France de Condé et de sa femme, si l'on voulait maintenir la paix du monde.

20
Une confidence

— Ce n'est pas d'une confession qu'il s'agit, annonça Condé, mais plutôt d'une confidence.

— Mon fils, dit le cardinal Bentivoglio avec un doux sourire, je puis vous entendre en confession si tel est votre désir, comme je puis, Monseigneur, écouter votre confidence, si vous m'en jugez digne. Dans un cas comme dans l'autre, vous pouvez être assuré que vos propos ne franchiront pas les murs de cette salle.

Le prince était venu voir le nonce du pape dans le but de lui ouvrir son cœur. On répétait qu'il était d'un caractère indécis, et certaines de ses actions faisaient bien voir qu'il était travaillé constamment par des influences contraires ; pourtant, lui seul savait qu'il ne déviait pas d'une ligne de la conduite qu'il s'était tracée : en se confiant à Bentivoglio, il cherchait à témoigner son assurance, en même temps qu'il souhaitait recevoir l'avis d'un éminent personnage qui ne dépendît pas des Espagnols et ne fût pas inféodé au roi de France.

— Vous savez que j'ai le dessein arrêté de quitter Bruxelles.

— Songeriez-vous à retourner en France ? demanda non sans malice le cardinal.

— Loin de moi cette idée !

— On dit que le roi est prêt à vous accorder son pardon.

— Oui-da ! Dès que ma femme sera revenue à sa cour, il n'aura de cesse de trouver un prétexte pour me faire mettre à la Bastille.

— Pourquoi n'iriez-vous pas à Rome ?

— C'est ce qu'ont proposé les Français ; et, pour cette seule raison, je ne souscrirai pas à ce choix.

Le nonce fronça le sourcil :

— Tiendriez-vous en suspicion la ville de notre Saint-Père ?

— Non pas, mais je n'entends point que le roi de France me dicte ma conduite.

Le nonce leva le nez :

— Alors que c'est le contraire qui pourrait se produire, ajouta Condé.

Cette fois, le nonce ouvrit de grands yeux :

— Que voulez-vous dire par là, Monseigneur ?

— Les choses telles qu'elles devraient être.

Alors, le dos bien calé dans sa chaise à bras, et tout en caressant machinalement de la main le pommeau de son épée, le prince de Condé expliqua au cardinal Bentivoglio la raison véritable de sa sortie de France.

Outre son appréhension au sujet de l'honneur de sa femme, il voulait profiter de quelque guerre dans laquelle le roi se trouverait engagé, ou encore de sa mort, pour accéder au trône de France. Dans le premier cas, Henri IV étant occupé aux extrémités du royaume, le champ serait libre pour allumer le feu au-dedans.

— Vous ne sauriez ignorer que la France est pleine de mécontents, les uns parce qu'ils sont mal satisfaits du monarque, les autres parce que fâchés de voir la tranquillité qui y règne, et qui les prive de l'occasion favorable d'y exciter des mouvements. Or, le roi étant absent, les révoltes pourraient se donner cours.

— Sur quel sujet, selon vous ?

— Sur celui de mes droits, dit Condé en se redressant. Et sur le prétexte que le second mariage contracté par Henri IV est frappé de nullité, que par conséquent ses enfants doivent être déclarés illégitimes, et qu'il s'ensuit que la succession du trône me revient, à moi, Condé, comme au plus proche.

Le prince avait prononcé ces mots en haussant le col, l'œil brillant et la pommette haute. De son côté, le nonce, en homme prudent et qui voulait en savoir davantage, garda le nez baissé, comme si ce qu'il venait d'entendre eût dû aller de soi.

La France étant divisée entre catholiques et huguenots, Condé se flattait que l'un et l'autre de ces partis approuveraient que le mariage du roi fût déclaré nul ; l'un parce qu'il regardait comme tel tout ce qui émanait de l'autorité du pape, l'autre, parce qu'il était aisé de montrer que Henri IV, pour obtenir cette cassation, avait fait rédiger un rapport fallacieux sur les circonstances de son premier mariage.

Ensuite, pour atteindre son but par la voie des armes, Condé dit avoir avec lui le prince de Conti, son oncle (beau-frère du feu duc de Guise), le duc de Guise lui-même, le duc d'Épernon et le frère de sa femme, fils unique du connétable. Et, parmi les huguenots, leur principal chef, le duc de Bouillon.

— Tous les trois sont mécontents du roi. Guise, parce que Henri IV lui a ravi la fille du duc de Mercœur, héritière de tant de biens, pour la faire épouser par son bâtard, le duc de Vendôme. Épernon, car il a toujours eu peu de faveur, ayant vécu la plupart du temps hors de la cour. Bouillon, parce qu'il espère en vain être fait connétable, quoiqu'il ait promis de se faire catholique, puisque c'est une condition indispensable pour avoir cette dignité. Mais je veux espérer que d'autres grands du royaume demeureront indifférents, ou auront choisi d'attendre de voir comment tournent les événements ; et je ne doute pas que certains d'entre eux ne veuillent profiter des troubles pour se faire une plus haute fortune !

Condé nomma ainsi au nonce le duc de Nevers, gouverneur de la Champagne :

— Dommage qu'il soit d'un caractère inquiet.

puis le comte de Saint-Paul, gouverneur de la Picardie :

— Mais celui-ci est d'un courage élevé.

Lui-même avait le gouvernement de la Guyenne où, bien que le roi y eût placé des gens à lui, il pouvait compter sur un grand nombre de partisans.

— Vous auriez toutefois fort à faire avec le parti catholique ?

— Sans doute. J'aurai contre moi, à coup sûr, le comte de Soissons, mon oncle, ainsi que le duc d'Aiguillon et plusieurs autres grands qui ne manqueront pas de suivre les fils du roi. Quant au parti huguenot, il va de soi que Sully et Lesdiguières, qui sont au reste fort estimés et en grande réputation dans tout le royaume, seront mes ennemis déclarés.

— Mais la reine ? interrogea Bentivoglio. Croyez-vous sérieusement, Monseigneur, qu'elle se laissera déposséder, elle et ses fils ?

Condé témoigna craindre peu la reine. Selon lui, c'était une personne dont les lumières et les pensées ne s'étendaient pas au-delà de sa favorite, Léonora Galigaï, et de quelques autres femmes qui formaient sa société ordinaire.

— Que diront les Parlements ? Car c'est en eux, n'est-il pas vrai ? que réside l'autorité des lois.

— J'espère qu'ils me seront favorables, car ils sont peu satisfaits, eux aussi, de la conduite du roi, celui de Paris en particulier. Il leur fait souvent violence en traitant à son Conseil des affaires de leur compétence, et il publie ensuite les arrêts qu'il lui plaît.

Au-dehors, Condé mettait toutes ses espérances dans le roi d'Espagne.

— Il est à penser que Philippe III mettra des troupes à votre disposition.

— Ah ! s'écria Condé, ce ne sont point des armées dont j'ai besoin, mais de l'or ! Et ce ne sont point des démonstrations publiques qu'il me faut, mais plutôt des faveurs secrètes. Au reste, mes amis de France m'ont écrit que je devais absolument me jeter dans les bras du roi d'Espagne, et ne me laisser en aucune manière engager à retourner à la cour. Ils m'ont averti aussi de veiller sur mes jours, car il y a aux environs de Bruxelles tant de gens qui semblent venus de France pour me faire violence, que je ne sors plus qu'avec ces deux pistolets à ma ceinture. On dit aussi qu'ils sont là pour enlever ma femme, s'il arrivait qu'elle franchît les portes de la ville. Et c'est pourquoi, puisque j'ai résolu de quitter Bruxelles, je veux lui assurer un asile inviolable en la faisant résider dans le palais même des archiducs.

— Mme la Princesse ne sera-t-elle pas fondée à penser qu'elle y est retenue comme prisonnière ?

— Peu me chaut ! si elle y consent elle-même, et qu'elle se trouve hors de portée des entreprises aventureuses des Français !

Condé reconnut que sa femme ne demeurait pas volontiers en Flandre, qu'elle disait du mal des Espagnols, ne pouvait souffrir que des Français autour d'elle et, qu'après lui avoir fait gracieuse mine à un bal, elle traitait le marquis de Spinola avec une froideur qui touchait à l'incivilité.

— Elle reçoit divers assauts, et je sais que le roi ne se contente pas de lui envoyer des vers, mais qu'il lui fait parvenir, par la voie de ses demoiselles, des lettres et des messages. En voici un dont j'ai pu avoir une copie, dit-il en tirant de sa pochette un feuillet plié en quatre qu'il tendit au cardinal.

Bentivoglio jeta les yeux sur le billet :

— Il est écrit, ce me semble, en langage convenu, et la clef m'en échappe. Mais à vous, Monseigneur ?

— A moi aussi, hélas ! Car qui peuvent désigner ces noms qu'on y lit, tels que *l'astre, l'esprit, notre concierge, la moutonne, la sabia* ou *le traditor,* c'est-à-dire la « sage » et le « traître » ? On trouve aussi de ces formes abrégées, qui découragent la patience, comme *Cel, Her, Io, Lamb,* etc. A n'en pas douter, le roi a beaucoup lu *Don Quijote,* car il est question souvent de *Dulcinée,* mais il a lu aussi *L'Astrée,* ce roman à la mode, d'où viennent, j'imagine, ces *Ly* pour Lycidas, *Fy* pour Phylis sans doute, et *Linda* pour Lindamor. Mais comment s'y retrouver ?

— Et de ces lettres, n'avez-vous point quelque réponse qu'on aurait pu y faire ?

— Si fait, j'en possède une aussi, mais elle est écrite dans un langage semblable, et la seule chose qui m'apparaisse clairement, et qui ne démontre que trop mon infortune, c'est *Astre que j'adore !* Croyez-moi, il est temps que je fasse donner une garde sévère à ma femme, car elle est entourée, veuillez me pardonner l'expression, de maquereaux et de maquerelles qui lui font de beaux discours et lui tournent la tête. Ainsi, l'on m'a assuré que certains veulent la persuader que le roi va la démarier, et rompre aussi son propre mariage, pour l'épouser ensuite et en faire la reine de France !

Le nonce ne savait que croire de tous ces avis ;

mais il pouvait penser que Condé répandait quantité de bruits, vrais ou faux, pour justifier sa cause, et qu'il se nourrissait d'espérances que le temps et une plus grande maturité feraient aisément s'évanouir. Peut-être aussi Condé exagérait-il les choses pour tromper le pape, lorsque le nonce lui en ferait le rapport.

Bentivoglio ne manqua point de rendre compte au cardinal Borghèse de ces rêves de grandeur du prince, en ne dissimulant pas qu'il craignait bientôt de voir la paix troublée. Aussi le pape, dûment instruit par son neveu, exhorta-t-il les Espagnols à la prudence ; pour sa part, il n'avait pas intérêt à voir la religion catholique et l'autorité du Saint-Siège exposées à de nouveaux dangers.

Cependant les Espagnols, ne soupçonnant pas le pontife de connaître leurs desseins à l'égard du prince, s'étonnaient de lui voir prendre en main la cause du roi Henri et d'oublier l'origine de toute cette affaire.

Quant à Spinola, il était fâché que Condé fût aussi volage. S'il y avait dans ce prince (songeait-il parfois) plus de ressource pour établir de grands desseins, il eût pu se promettre les succès les plus éclatants.

21

Où il est question de divorce

Force est de constater qu'il n'y a que peu d'accommodement entre Condé et sa femme : l'un veut rester hors de France, l'autre y retourner ; l'un veut fuir la colère du roi, l'autre se livrer à son amour ; l'un songe à des grandeurs futures, l'autre à des faveurs présentes.

A la vérité, il n'y avait jamais eu beaucoup d'inclination, ni même de sympathie, entre Charlotte et le prince, que le roi lui avait fait épouser avec précipitation, après l'avoir enlevée au beau comte de Bassompierre. Mais ils étaient jeunes tous les deux ; la princesse devait à son mari cette position brillante et enviée qu'elle occupait à la cour ; et si la passion du roi, que chacun semblait avoir favorisée, et les inconséquences aussi de la jeune femme, n'étaient venues mettre de l'aigreur dans les relations du couple, on aurait pu penser qu'une affection mutuelle pourrait, avec le temps, les réunir l'un et l'autre.

Il est vrai que Condé n'était pas d'humeur très

aimable ; qu'il était jaloux et le faisait voir ; que la princesse en voulait peut-être à son époux de lui avoir fait quitter la cour de France pour celle de Bruxelles, dont la magnificence n'avait rien de comparable. Et voilà qu'à présent Condé publiait son intention de partir.

— Il faut que vous vous résolviez, Madame, à me suivre dans les voyages que je me suis proposé de faire.

— Voyager en cette saison ?

— Il le faut bien. Je ne suis pas maître des circonstances.

— Où voulez-vous donc aller ?

— Dans une terre étrangère qui m'offrira un asile plus sûr.

— Que pouvez-vous craindre, dès lors que vous êtes ici sous la protection des Espagnols ?

— Le séjour de Bruxelles ne m'offre plus de sécurité, et je m'y trouve trop exposé aux conséquences de la colère du roi, car cette ville est fort fréquentée par les étrangers, en particulier par les Français. C'est pourquoi j'ai demandé à Philippe III de me mettre à l'abri d'un coup de main.

— Vous voulez donc aller en Espagne ?

— Peut-être. Je n'ai rien décidé encore à ce sujet.

— Et par où passerez-vous ?

— Je ne sais. Si je m'embarque à Dunkerque, les vents, s'ils ne me sont pas favorables, risquent de jeter mon vaisseau en Angleterre ou en Hollande, où le roi a partout des intelligences.

— Ou bien encore en France ? ajouta Charlotte en souriant de sa malice.

— Ce qui serait pire ! Mais si je choisis le voyage de terre, il me faudra passer par tant de pays différents ! Dans les deux cas, comme vous voyez, il y aura force difficultés. Je vous pose donc de nouveau la question : m'accompagnerez-vous ?

Charlotte fit une petite grimace :

— C'est courir au-devant de beaucoup de hasards. Et puis, il fera bien froid, ne croyez-vous pas ?

Mais Condé, avec brusquerie :

— Décidez-vous !

Elle lui tourna le dos. Enfin, le regardant par-dessus son épaule :

— Comme vous êtes pressé, Monsieur ! Ne pourriez-vous me laisser le temps de la réflexion ?

Condé s'anima, montra de l'impatience.

— Alors, je ne vous cache pas que je préférerai demeurer ici.

— Comme vous voudrez. Il faut pourtant que vous sachiez que, dans ce cas-là, je vous remettrai dans les mains des archiducs.

— Que voulez-vous dire ?

— Je prierai Leurs Altesses de vous recevoir dans leur palais.

— Pourquoi ? Ne suis-je pas aussi bien à l'hôtel d'Orange ?

— Non, Madame. Car vous y êtes environnée de gens qui ne me plaisent point.

— Que vous ont-ils fait ?

— Je les tiens pour les auteurs des intrigues qui visent à vous détacher de moi. Mme de Berny surtout passe trop de temps avec vous, et je n'approuve pas les visites multipliées qu'elle vous rend.

— Si vous vous occupiez un peu plus de moi que vous ne faites, Monsieur, je n'aurais point à rechercher autant la compagnie d'autres personnes. Mais l'on dit que vous allez courant les cabarets dans Bruxelles, bras dessus bras dessous avec vos laquais, et que vous vous y vantez un peu follement d'accomplir un jour de grandes choses en France.

Condé se mordit les lèvres et ses yeux jetèrent des éclairs. De colère, il en bégayait presque.

— Ces rapports sont faux, et ceux qui les répandent ne peuvent être que des Français, car eux seuls ont intérêt à me nuire. Mais encore une fois, je ne veux pas que vous soyez en mon absence dans cette maison d'Orange où tout votre entourage a depuis longtemps été gagné et corrompu par le roi de France.

Condé accusa surtout les deux femmes, Mlle de Châteauvert et Philippote, ainsi que l'ancien secrétaire du connétable, Girard de Tillay, qui passait son temps entre Paris, Chantilly et Bruxelles, à distribuer lettres, avis et instructions.

— Vaudrait-il pas mieux, afin que vous fussiez plus tranquille, qu'on m'enfermât dans un couvent ?

Le prince se récria, disant qu'il n'en voulait pas, tant il était aisé, selon lui, d'y faire un enlèvement.

— Pour des hommes décidés, les murs ne sont qu'un mince obstacle ; et, pour assurer votre défense, une douzaine de gardes à cheval valent mieux que cinquante nonnes !

— Ne pourrais-je habiter chez le nonce ?

Mais Condé estima que le cardinal Bentivoglio se récuserait, par crainte de se rendre suspect à l'un ou à l'autre parti, parmi de si fortes passions.

La princesse hésitait. Demeurer au palais de l'Infante, c'était pour elle comme d'entrer dans une prison. Dans cette demeure où régnait la rigoureuse étiquette espagnole, la jeune femme allait se trouver séparée de ses conseillers ; et, dans cette cour formaliste, où elle serait entourée de duègnes et de confesseurs, et placée sous la tutelle sévère de l'Infante, il lui faudrait renoncer à cette grande intimité avec Mme de Berny, et à ces audiences de tous les instants qu'elle accordait aux gentilshommes français qui avaient suivi à Bruxelles le marquis de Cœuvres, et dont le nombre semblait augmenter tous les jours.

— Eh bien ! dit-elle, puisque vous le voulez, j'irai demeurer au palais de l'Infante.

Le prince n'en crut pas ses oreilles : que sa femme se résignât aussi facilement, en fin de compte, à cette situation dépourvue pour elle d'agréments, ne laissait pas de l'inquiéter. Il ne soupçonna pas que Charlotte pût simplement espérer que les archiducs finiraient bien par céder, tant aux sollicitations répétées du connétable et de Mme d'Angoulême (qui parlait de venir à Bruxelles pour prendre sa nièce avec elle) qu'aux instances réitérées du roi de France.

Elle voulut toutefois faire une dernière tentative pour reprendre sa liberté :

— Vous aviez parlé l'autre jour de notre séparation. Avez-vous changé d'avis sur ce sujet ?

— Non, Madame. Si telle est votre intention, nous pourrions trouver un accommodement.

Le prince répéta qu'il ne serait pas éloigné du divorce :

— Pourvu qu'il se fît dans les règles, insista-t-il, et que l'affaire se terminât d'un coup. Mais je ne consentirai jamais qu'il soit précédé de la séparation, que vous soyez reconduite en France et que, dans l'intervalle, le roi ait un libre champ de satisfaire ses plaisirs.

22

Où il est question d'un enlèvement

C'est à la demande du connétable, que la conduite de Condé envers sa fille désespérait, que Henri IV avait autorisé l'entreprise qui visait à enlever la princesse et à la ramener à la cour de France. Et c'est naturellement le marquis de Cœuvres qui mit tout en œuvre pour que l'exécution en eût lieu.

On croyait à Paris que Charlotte de Montmorency était consentante, ou qu'elle ferait peu de résistance dans cette affaire où le roi était au centre des manœuvres, et dont sa famille même était complice. Mais, bien qu'elle fût ébranlée et assez disposée à se laisser forcer la main, et que le bruit de l'enlèvement en courût déjà en Flandre, la princesse, retenue peut-être par les liens du devoir et de l'honneur, hésitait encore à s'engager dans une aventure qui n'allait pas sans périls ; elle n'appréhendait pas sans crainte de fuir en cachette avec un si grand danger d'être rattrapée et de se trouver exposée ensuite à tant de jugements aussi différents qu'on aurait pu faire sur cet événement.

Après avoir flotté longtemps, elle fut gagnée à la fin par Mme de Berny, âme du complot, qui lui représenta les félicités infinies qu'elle goûterait en étant la maîtresse absolue du cœur d'un roi de France.

Une première tentative devait avoir lieu à la Chandeleur, à l'occasion d'un pèlerinage que la jeune femme devait faire à Notre-Dame du Lac, une chapelle des environs de Bruxelles. Mais une lettre de Paris vint donner l'éveil aux serviteurs de M. le Prince. Sur un avis du président de Thou, tuteur de Condé, Harlay de Beaumont écrivit à Virey de redoubler de vigilance. Girard du Tillay, apprenant de son côté que la mèche était éventée, le pèlerinage fut contremandé ; mais il en conçut du dépit et, pour se venger, il vint assez insidieusement annoncer à Claude-Énoch Virey que sa femme, restée à Paris, avait été arrêtée, conduite à la Conciergerie et confondue avec les femmes de mauvaise vie. Il ajouta que son fils, âgé de neuf ans, avait été jeté aussi en prison. En réalité, Girard avait dénaturé les faits en les aggravant : la femme de Virey avait été seulement donnée en garde au grand prévôt de l'hôtel, puis envoyée à Châlons chez son père, et son fils remis à Dollé, un avocat connu, qui s'était chargé de l'héberger et de le nourrir. Il n'en reste pas moins que Henri IV poursuivait de sa vindicte le secrétaire du prince, puisqu'il alla jusqu'à les menacer, lui et Rochefort, de les faire pendre, et si haut qu'on les verrait tous les deux d'un bout à l'autre du royaume.

Virey épiait avec soin les allées et venues de

Girard du Tillay et se tenait sans cesse aux aguets. Bientôt, il recruta pour l'assister dans cette surveillance un sieur de Vallobre, gentilhomme avignonnais, ancien page du connétable et homme de peu de scrupule, qui avait dû quitter la France, fuyant la justice pour avoir dépêché l'un de ses pairs, et s'était fixé à Bruxelles après avoir attrapé par mariage une fille de bonne maison. Vallobre jouait un jeu double ; car, sitôt qu'on lui eût fait offre, au nom du roi, de merveilles d'argent et de pensions, il n'eut de cesse d'aller trouver Spinola pour tout lui raconter.

Le marquis lui commanda de faire comme si de rien n'était, et de s'engager plus avant, afin qu'on pût mieux surprendre les desseins du roi. Du coup, il révéla les êtres de la ville, les chemins détournés à prendre la nuit et bien d'autres choses encore qu'il venait d'enseigner à Girard.

— Voilà, dit Vallobre. Le plan des Français, c'est de faire descendre la princesse dans le parc sur le premier sommeil. Elle aura cette coiffure de faille, qui est sœur de la mantille espagnole, et que portent les dames flamandes pour se dérober aux regards des curieux. Du jardin de l'hôtel jusqu'aux murs de la ville, il n'y a qu'une seule rue. On doit faire passer la princesse par une brèche pratiquée dans la muraille du rempart, après qu'on en aura ôté soigneusement quelques pierres une à une. Une fois descendue dans le fossé, qui est à sec en cet endroit, elle gagnera, par la même échelle, la contrescarpe. Là, l'attendra un homme hardi, Philippe de Longueval, seigneur de Manicamp et gouverneur de La Fère, avec vingt-cinq cavaliers d'escorte. Montée en croupe avec l'un d'eux, et tandis que Lopès, lieutenant de la compagnie de chevau-légers du grand prieur de France, fera le guet avec treize braves soldats prêts à écarter tous les obstacles, elle filera droit vers la frontière.

— Par quel chemin prendront-ils ?

— Il est arrêté qu'on marchera au pont de Rons sur la Sambre, à six lieues de Bruxelles. Avant que Son Altesse l'archiduc soit instruite de l'évasion, il se sera écoulé assez de temps pour que ceux qu'elle aura envoyés ne puissent plus rejoindre la princesse...

— En êtes-vous sûr ?

— Mon Dieu, dit Vallobre avec un peu de condescendance, il faut voir les choses comme elles sont. Je crois savoir que Son Altesse n'a pas dans Bruxelles au-delà de cent chevaux, lesquels lui servent de garde.

— N'est-ce pas suffisant pour rattraper les fugitifs ?

— Non, Monsieur. Car s'ils veulent aller à leur poursuite en corps et en ordre, ils ne les atteindront jamais. S'ils vont à toute bride, les Français les battront ou les arrêteront assez pour donner moyen aux autres de se sauver.

— Après le pont de Rons, qu'est-il prévu de faire ?

— La garnison de Rocroi descendra pour faire escorte à la princesse. Des relais et des chevaux frais auront été disposés sur toute la route jusqu'à La Chapelle, première ville de France où la princesse doit s'arrêter. Comme vous voyez, Messieurs, rien ne paraît réussir plus infailliblement que tout cela.

— Nous vous remercions de vos avis, dit Virey, cependant que le marquis de Spinola, sans quitter son siège, hochait la tête en signe d'assentiment.

23

Une ville en émoi

Le projet d'enlèvement avait été concerté entre le marquis de Cœuvres et la princesse par l'intermédiaire de Mme de Berny ; et, à l'exception d'agents d'exécution comme Girard et Vallobre, deux personnes seulement avaient été mises dans le secret. C'étaient l'abbé Charles de Laubespine de Préaux et M. de Vardes, gouverneur de La Chapelle, qui était venu à Bruxelles sous le prétexte d'affaires particulières.

Sans rien leur révéler, on avait enrôlé des hommes ; puis on avait acheté des chevaux ; et des intelligences avaient été pratiquées jusque parmi les gardes des archiducs.

Cœuvres était instruit de tout par Mme de Berny qui savait par son mari, alors que lui-même ignorait le projet d'enlèvement, ce qui se passait entre le prince, l'archiduc et les ministres espagnols ; par Vallobre enfin qui, se trouvant à toute heure dans l'appartement de la princesse, avait la confidence de tous les secrets de la femme, du mari et des autres personnes qui conféraient avec eux.

Quand tout fut arrêté, Annibal d'Estrées, marquis de Cœuvres et ambassadeur extraordinaire de Sa Majesté le Roi Très Chrétien à la cour de Bruxelles, envoya un courrier à son souverain pour lui faire connaître que l'enlèvement de Mme la princesse de Condé aurait lieu dans la nuit du 13 février 1610.

La dépêche fut remise au roi le mercredi matin, trois jours avant cette date. Dès qu'il sut la nouvelle, Henri IV ne se tint plus de joie. Il ne se contenta pas de la commenter avec Bellegarde et Bassompierre ; il la publia dans tout le Louvre et il alla jusqu'à instruire la reine de la date prévue pour l'enlèvement. Marie, dissimulant sagement, feignit d'être bien aise du contentement du roi, mais fit prévenir aussitôt le nonce, qui était très dévoué à la famille des Médicis à laquelle il était allié. Ubaldini mit au courant l'ambassadeur du roi d'Espagne à Paris, qui envoya incontinent un exprès au marquis de Spinola pour conjurer, s'il en était temps encore, les desseins de Cœuvres.

Dévorée par la jalousie à la pensée de voir revenir la princesse de Condé à la cour, Marie elle-même ne saura pas garder le secret : elle commanda à Bonneuil, introducteur des ambassadeurs, d'adresser avis au marquis de Cœuvres pour l'amener à se désister de son entreprise, s'il ne voulait encourir à jamais son indignation. Mais le courrier s'en alla si tard qu'il rencontra, à deux postes de Paris, celui par lequel Cœuvres annonçait au roi que le complot était découvert.

En revanche, le courrier envoyé par don Inigo de Cardeñas avait fait diligence : il arriva à Bruxelles le samedi 13 à onze heures du matin.

En dehors du fait qu'elle venait du Louvre, la nouvelle n'avait rien pour surprendre le marquis de Spinola, puisqu'elle ne faisait que confirmer les révélations de Vallobre, auxquelles le comte de Bucquoy, grand maître de l'artillerie, avait ajouté foi : l'arrivée inusitée d'un grand nombre de cavaliers français, que l'on signalait depuis quelques jours dans les hôtelleries de la ville et des faubourgs, justifiait tous les soupçons.

Le péril devenant imminent, Virey et Spinola jugèrent nécessaire d'avertir Condé. Mais, pour éviter de sa part un éclat, on ne voulut lui faire qu'une demi-révélation, en se bornant à lui donner de vagues inquiétudes, afin de l'amener à demander que sa femme vînt habiter le palais archiducal.

Bien qu'on lui eût tu une partie de la vérité, le prince se mit dans une colère épouvantable et vola aussitôt chez l'archiduc pour lui réclamer une garde autour de la maison d'Orange, ce qui lui fut accordé facilement. Non content de cela, il s'élança par les rues, gesticulant et criant qu'on voulait lui ravir la princesse, et s'affligeant comme si tout de bon sa femme eût été déjà à Paris, et non plus à Bruxelles. Il demanda qu'on tendît dans le parc une embuscade aux conjurés pour les châtier à mort ; et il est vrai que, sur le moment, le prince d'Orange lui-même ne demandait rien moins qu'on les pendît aux fenêtres de l'appartement de la princesse, après les avoir pris en flagrant délit.

Mais Spinola fut d'avis qu'il était suffisant de dénoncer l'entreprise et d'empêcher qu'elle eût lieu ; toutes ces raisons, pourtant, le renforçaient dans sa détermination de tenir désormais la princesse dans le propre palais des archiducs.

Leurs Altesses, désireuses de ne déplaire ni au roi ni au prince, et prétextant la froideur qui régnait entre elle et son mari, acceptèrent de prendre la jeune femme sous leur garde. Cœuvres fit mine d'y consentir aussi, tout en se persuadant qu'une fois entrée dans le palais, elle n'en pourrait plus sortir.

Chacun, en somme, croyait tromper l'autre.

Le samedi, dans la soirée, la princesse était au lit, feignant une indisposition, comme lui avait conseillé de faire Mme de Berny.

— Faut-il faire venir le médecin ? s'inquiéta le résident de Brûlart de Berny.

— Non, non, Monsieur, c'est inutile. Je vous assure que je me sentirai mieux demain, quand une bonne nuit de sommeil m'aura fait reprendre des forces.

Le marquis adressa un sourire complice à la princesse ; et, profitant de ce que de Berny s'éloignait un moment, il se pencha pour lui dire à mi-voix :

— A présent, il est impossible que le coup puisse manquer !

La journée lui avait paru interminable et, debout à côté du lit, il entendait sonner les heures au beffroi voisin.

Soudain, le marquis, qui écoutait aussi le

silence, crut percevoir une rumeur qui venait du dehors, cependant qu'il se faisait un mouvement dans la chambre voisine. Peu après, Girard du Tillay se montra à la porte avec un visage effaré ; et Cœuvres comprit aussitôt qu'il se passait quelque chose d'anormal.

— Qu'y a-t-il ?

— Tout est découvert, Monsieur.

Cœuvres alla droit à la fenêtre, dont il écarta les rideaux.

La cour de l'hôtel était remplie de monde.

Une compagnie de gardes à cheval, le pistolet à la main, était rangée au bas des degrés du grand escalier et, par la porte ouverte à deux battants sur la rue, cinq cents hommes armés des *Gildes* achevaient de faire leur entrée. Mais on devinait que, derrière eux, s'amassait, dans la confusion et le désordre, une foule de gens que ce déploiement inhabituel avait alertés. Un peu partout, à la lumière des flambeaux qui trouaient la nuit de leurs flammes dansantes, on voyait luire des armes.

Toute la ville était en émoi, et les Bruxellois vécurent cette nuit-là l'un des plus grands troubles qui soient jamais arrivés dans leur ville. Un peu partout, on avait établi des postes et allumé des feux ; des patrouilles allaient de rue en rue ; les gens de guerre s'appelaient à haute voix ; les bruits les plus fantastiques volaient de bouche en bouche : Condé avait été tué, et le roi de France était aux portes pour enlever lui-même la princesse. Enfin, au milieu de la nuit, sur une alarme du prince affirmant que trois ou quatre cents hommes déguisés étaient entrés dans la ville, l'archiduc ordonna de tirer le canon pour faire prendre les armes à la population.

— Nous avons été trahis, dit à mots lents le marquis de Cœuvres en revenant vers la princesse.

— De quelle trahison voulez-vous parler, Monsieur ? demanda l'ambassadeur de Berny.

— Je vous expliquerai, Monsieur.

Et, prenant à sa ceinture deux pistolets et laissant la princesse dans un grand désordre, Cœuvres sortit d'un pas rapide, descendit l'escalier et, passant par une porte dérobée, le chapeau rabattu sur les yeux, il réussit à s'enfuir par une partie du jardin où l'on n'avait pas encore placé de gardes. Une voiture, qu'il avait eu la précaution de faire attendre là en cas de besoin, l'emmena au galop chez lui.

24
Une audience extraordinaire

Le marquis de Cœuvres résolut de tout nier. Payant d'audace, accompagné du résident de Berny d'autant plus naturel dans le rôle qu'on lui faisait jouer qu'il ignorait tout, il se rendit au palais archiducal.

La nuit était déjà fort avancée quand les deux ambassadeurs français demandèrent audience. C'était pour chose extraordinaire, dirent-ils aux huissiers, lesquels eurent beau jeu de répondre que Son Altesse se trouvait au lit à cette heure.

— Nous ne nous retirerons point que nous n'ayons obtenu satisfaction.

Cœuvres s'opiniâtra tant, que les Espagnols commençaient de murmurer ; mais à la fin, l'archiduc accepta de recevoir les Français.

Albert avait le cheveu hérissé, l'œil éteint et le collet posé de travers comme quelqu'un qu'on a tiré du premier sommeil. Après s'être assis, il invita les deux diplomates à prendre place dans des chaises à bras, pendant que des laquais finissaient de rallumer flambeaux et torchères.

Estimant que les plaintes devaient prévenir les plaintes, le marquis demanda d'abord la raison de ces gardes autour de la maison d'Orange, de ce bruit d'armes dans toute la ville, et de tant de propos qui offensaient l'honneur de son souverain. L'archiduc répondit qu'il n'avait pu refuser cette garde aux sollicitations pressantes que lui faisait Condé, et que ces mesures avaient été prises pour empêcher certain projet d'enlèvement.

— Tout cela est de l'invention du prince ! répliqua Cœuvres. Il veut rendre ainsi plus honorable sa fuite de France, et couvrir aussi d'autres projets plus ambitieux qu'il a en tête. Quelle apparence y a-t-il en effet que tant de Français aient pénétré secrètement dans la Flandre, qu'ils aient fait trois jours de marche sans qu'on en ait rien su, qu'ils soient entrés dans Bruxelles, qu'ils aient percé des murailles, mis des troupes à cheval, et emporté en l'air une princesse sans faire de bruit, parmi tant de monde, sous tant d'yeux, sous ceux de Votre Altesse elle-même !

Comment se pouvait-on imaginer que la princesse, une femme, si jeune et élevée si délicatement, aurait pu cheminer deux grosses journées avec tant de précipitation dans Bruxelles jusqu'au plus proche lieu de France sans qu'on l'eût rattrapée ?

Pour toutes ces raisons, il paraissait assez clairement que, non seulement on n'avait pas comploté, mais non pas même pensé à une affaire qui devait être jugée du tout infaisable ; et qu'il n'y en avait point d'autre que Condé qui fût l'auteur de cette tromperie, aidé par des cerveaux creux ou par quelque ministre de Flandre malintentionné pour la France.

Cœuvres invectiva alors le marquis de Spinola de la manière la plus terrible, l'accusant de s'être laissé porter à cette machination par son amour pour la princesse.

— Je sais de certitude que cette passion est très vive, car il s'en est ouvert à Mme la Princesse d'Orange, lui faisant même voir certaines de ses roses de soie qu'il porte à son cou et dans son sein, et d'autres choses semblables qui sont les signes du plus violent amour. Et, quand il le faudra, que je ne serai plus en Flandre et que j'aurai cessé d'être personne publique, je soutiendrai au marquis de Spinola qu'il a eu de véritables desseins sur Mme la Princesse. Elle-même en fera l'aveu à Votre Altesse, lorsqu'il en sera temps.

Enfin, puisque l'honneur de la femme du premier prince du sang se trouvait si fortement offensé par cette calomnie, et que la réputation du roi même était si avant engagée, l'ambassadeur extraordinaire priait Son Altesse d'en venir à un éclaircissement.

Alors que le marquis de Cœuvres s'échauffait extrêmement, le résident Brûlart de Berny renchérit, quoique sur un ton plus mesuré :

— Votre Altesse voudra bien comprendre que l'imputation contre les Français paraissant très fausse, le tort que Mme la Princesse en reçoit est très injuste, et l'injure qui en résulte pour mon maître très grande. J'ajouterai à cela qu'il est souhaitable de tirer la princesse des mains de son mari, car elle sera immanquablement exposée au risque de ses fureurs.

De Berny insista fortement à ce qu'on fît toutes les diligences possibles pour découvrir la vérité du fait ; et, s'il était vrai qu'il y avait eu complot, on devait punir comme il fallait quiconque eût tenté une action si téméraire et si indigne.

Selon sa coutume (et peut-être aussi parce qu'il lui tardait de regagner son lit), l'archiduc répondit en peu de mots :

— Je suis pleinement assuré, Messieurs, que le prince de Condé ne tuera point sa femme. Je n'ai point ajouté foi à l'imputation faite aux Français ; mais je n'ai pu me dispenser d'accorder à ce prince quelque garde en conséquence des soupçons qu'il pensait avoir eus sur leur compte. J'aurai pour la princesse les égards que son honneur exige, soit par considération pour elle, soit pour celle de Sa Majesté très chrétienne dont la personne est intéressée dans cette affaire.

Et, avant de congédier les deux hommes, l'archiduc voulut les rassurer tout à fait sur le sort de la princesse, en affirmant que, dès le lendemain, elle serait reçue dans son propre palais, où l'on aurait le soin de veiller sur elle en permanence.

25

Les violons de Spinola

Il y eut bien quelques règlements de compte à la suite de cette malheureuse affaire. Ainsi, Virey, rencontrant Girard du Tillay au sortir du palais, le traita de rustre, et les deux hommes en vinrent aux mains ; Charbonne, le maître d'hôtel du prince, le quitta sans un mot d'explication et, soit qu'il eût été acheté ou qu'il eût pris peur, décida de rentrer en France. Condé, apprenant que Cœuvres était au courant de l'enlèvement, menaça de le tuer à coups de pistolet : l'archiduc et Spinola durent modérer sa fougue, en lui représentant que, s'il se laissait aller à un excès tel que d'occire un ambassadeur, il n'y aurait aucun coin de la terre où il pût trouver asile, car les nations, même les plus barbares, le livreraient à la justice de son souverain.

Enfin, le marquis de Cœuvres, s'interrogeant sur le rôle qu'avait pu jouer Vallobre, lui envoya dire de venir le trouver : l'autre, en s'excusant de la manière la plus respectueuse, fit répondre qu'il ne pouvait acquiescer à sa demande, ne voulant point donner lieu à des soupçons sur son compte. Cette réponse ambiguë porta le marquis à aller le chercher en s'étant déguisé ; mais l'homme n'était point chez lui. Après d'autres tentatives, Cœuvres obtint un rendez-vous ; et, curieusement, Vallobre choisit pour le lieu de la rencontre la nuit, et un cimetière à la limite de la ville.

Les bottes enfonçaient dans la neige qui tombait à gros flocons ; on n'y voyait pas à trois pas ; et les deux hommes, s'éclairant de leur lanterne sourde, eurent quelque peine à se reconnaître.

Ils entrèrent dans une chapelle désaffectée dont la porte, en s'ouvrant, grinça sur ses gonds ; une hulotte fit entendre au loin son cri sinistre ; là, une fois qu'ils se furent assis en vis-à-vis sur des bancs de pierre, et chacun d'eux, dans le noir, gardant la main sur le pistolet qu'il portait à la ceinture, la conversation commença.

Cœuvres vit bien tout de suite que Vallobre était avare de ses propos ; il le pressa de s'expliquer, s'étonnant surtout qu'ayant passé tant d'heures dans les appartements de la princesse, il mît autant de soin à n'y plus reparaître, comme s'il avait honte à présent de se présenter aux Français. Sans se faire prier, Vallobre confessa alors qu'il était entré au service du marquis de Spinola, se hâtant d'ajouter qu'il ne le faisait que pour mieux renseigner l'entourage de la princesse sur les intentions véritables des Espagnols. Et, soupçonnant qu'il avait bien dû être pour quelque chose dans la révélation du complot, Cœuvres se retint, à ce moment, de lui tirer une balle dans la tête. Mais il se dit que, s'il devait en venir à cette extrémité, il valait mieux attendre, pour le faire, que l'autre l'eût instruit davantage.

— Vous êtes-vous demandé, Monsieur, comment notre dessein d'enlever la princesse a pu échouer ?

— Ma foi, non, dit Cœuvres d'un air bonasse. J'ai beau m'interroger à ce sujet, je ne trouve pas d'explication. Si peu de gens étaient dans notre secret ! Il faudra que l'un de nous ait parlé...

— Non, non, Monsieur, il n'y a point de traître parmi nous. C'est tout simplement celui pour qui l'affaire était tentée qui s'est montré trop bavard.

— Que voulez-vous dire ?

Vallobre garda le silence. Puis :

— Vous ne devinez point ?

— Quoi ! Le roi ?

— Sa Majesté elle-même !

Vallobre conta au marquis de quelle façon, c'est-à-dire par la faute du principal intéressé, l'entreprise avait été ruinée.

— Que voulez-vous, Monsieur, la joie est indiscrète de nature !

Le gentilhomme avignonnais donna des explications avec des détails si circonstanciés et qu'il n'avait pu inventer, que le marquis de Cœuvres renonça ce soir-là à se servir de son pistolet. Et, puisque cet homme-là, quelque méprisable qu'il fût, était au mieux avec les Espagnols, autant valait-il utiliser les renseignements qu'il pouvait fournir pour tenter une nouvelle entreprise.

Car tout n'était pas perdu, si l'on parvenait à

gagner du temps, en retardant de quelques jours l'entrée de la princesse dans le palais de l'Infante.

Parmi les Espagnols, le marquis de Spinola était le conseiller dont l'influence était la plus grande sur l'archiduc. Il n'y avait donc que lui pour le décider à changer les plans arrêtés d'abord. Quel espoir cependant pouvait-on mettre dans le chef du parti espagnol, en celui qui, en toutes circonstances, dictait son attitude au prince de Condé ?

Mais Spinola était homme. On le disait amoureux de Mme la Princesse : on le conjecturait de ses visites fréquentes, du plaisir extrême qu'il trouvait à sa conversation et des grands éloges qu'il donnait à sa beauté ; de plus, il avait fait tirer de la jeune femme son portrait pour l'envoyer en Espagne. Enfin, Mlle de Châteauvert contait que le marquis avait essayé, au prix de dix mille écus d'or, de lui faire plaider sa cause auprès de sa maîtresse.

Or, l'expédient auquel avait songé Cœuvres était que la princesse, qui aimait le bal et dansait à ravir, fît à Spinola la demande en apparence la plus naturelle du monde et qu'on ne soupçonnait pas le galant marquis de pouvoir lui refuser : elle le prierait de lui faire « donner les violons » à la mode de France et de Flandre. Comme les divertissements de cette sorte n'étaient pas permis par l'étiquette du palais archiducal, il fallait donc que la fête pût se tenir à l'hôtel de Nassau, où était encore la princesse ; et, pour en faire les préparatifs, un délai de quelques jours serait sans doute nécessaire. Vallobre devait s'entremettre avec les

Espagnols pour s'assurer de la présence des principaux seigneurs de la cour, afin que la plus grande magnificence fût donnée à ce bal.

Les Français pouvaient bien publier que Spinola avait le cœur pris, il était difficile d'imaginer que le ministre espagnol, qui montrait une attention extrême lorsqu'il s'agissait des affaires publiques, pût s'en laisser distraire à ce point, d'autant que, bien qu'il fût veuf, on ne l'avait point vu, depuis qu'il était en Flandre, être détourné par aucune inclination pour les femmes. Et, pour certains, on devait regarder les visites qu'il faisait à la princesse plutôt comme une politesse que la manifestation d'un sentiment amoureux, et son empressement à avoir d'elle son portrait comme un raffinement d'esthète plus que l'expression d'une passion un peu vive.

La princesse, qui était fortement persuadée que c'était principalement d'après les conseils de Spinola que son mari s'était montré si résolu à ne pas retourner en France, ne recevait plus d'ordinaire ce seigneur qu'avec froideur. Il lui fallut donc, pour cette fois, lui faire sa demande avec douces paroles, ce qui parut suspect au marquis. Car Spinola, qu'il fût amoureux ou non, n'était pas aveuglé au point de ne pas flairer l'artifice qui se cachait sous cette bienveillance inaccoutumée.

— Je suis fâché, Madame, répondit-il, que les choses soient si avancées, qu'il n'y ait presque pas d'espérance de faire différer votre entrée dans le palais archiducal. Le jour en a été fixé, et tous les apprêts pour la faire avec l'honneur dû à Votre

Altesse sont disposés. Je parlerai cependant à l'archiduc et au prince votre époux. Si le délai que vous demandez ne peut s'obtenir, je serai celui qui y perdra le plus, parce que je me trouverai privé du plaisir de la fête, et de la part favorable que Votre Altesse voulait m'y donner.

Le lendemain, dans la soirée, la princesse de Condé, accompagnée de son mari, de la princesse d'Orange et de nombreux seigneurs de la cour, fit son entrée au palais archiducal. L'Infante la reçut en grande pompe dans la salle de cérémonie ; elle la fit asseoir avec sa belle-sœur à côté d'elle, sous le dais, et sur un gradin plus élevé qu'aucun de ceux des dames de la cour.

L'archiduchesse — une femme austère et pieuse — avait accueilli la femme du premier prince du sang français avec tant d'éclat, et elle lui avait prodigué aussi tant de caresses, que la jeune Charlotte ne pouvait se croire prisonnière, comme son entourage s'efforçait de le lui faire voir. Et ce jour, qui avait été doux aux Espagnols dont il flattait la fierté, parut fort triste aux Français, auxquels il semblait que la princesse eût été conduite comme prise et comme en triomphe, et traînant derrière elle les passions du roi comme enchaînées.

Hélas ! la cérémonie terminée, les seigneurs partis, les chandelles éteintes et le palais vide, Charlotte dut bien se rendre à l'évidence : pour aller chez elle, il fallait passer par la chambre de l'Infante.

26

Un notaire

— La princesse de Condé ne sortira plus du palais, la reine de France dût-elle venir la redemander !

C'est ce que déclara, le lendemain, le marquis de Spinola au nonce du pape. Bentivoglio, que les Espagnols accusaient parfois de ne pas tenir la balance égale entre les deux partis, donnait pourtant tort aux Français dans cette affaire d'enlèvement manqué, tout en regrettant que Condé eût excité une telle rumeur contre eux.

— Le prince aurait pu procéder avec beaucoup plus de modération, observa-t-il avec sagesse, vu qu'il lui suffisait de passer la nuit avec sa femme pour détruire le complot. Que si l'on eût voulu garder le palais d'Orange, on eût pu se contenter de placer quelque monde aux endroits les plus suspects, sans mettre tant de gens sous les armes, sans soulever pour ainsi dire tout un peuple, sans rendre public ce qu'on eût pu tenir caché.

Le marquis de Cœuvres ne revit plus la princesse. Et, pour le prince, puisque aussi bien il n'avait pu le faire consentir à demander son pardon au roi, il allait le sommer au nom de son souverain de se soumettre, sous peine d'encourir son indignation.

Le 16 février, accompagné de MM. de Berny, Manicamp, gouverneur de La Fère, et de Charles de Laubespine de Préaux, conseiller au Parlement, il se rendit à l'hôtel de Nassau où Condé l'attendait ; là, en présence du prince d'Orange et de Rochefort et Virey (que l'acte notarié appelle dédaigneusement ses domestiques), il présenta à Condé les lettres de créance du roi en date du 21 janvier, qui lui faisaient commandement d'avoir à retourner en France promptement, lui et sa suite, faute de quoi, il serait déclaré félon, rebelle, réfractaire et criminel juré de lèse-majesté, et traité dorénavant comme tel.

Après avoir écouté attentivement la lecture de cette sommation, à laquelle le marquis de Cœuvres avait voulu donner une certaine solennité, le prince de Condé demanda :

— Dans une matière aussi grave, il convient, Messieurs, que je prenne conseil. En attendant, faites-moi signifier cet écrit par un notaire au moyen d'un acte. J'y répondrai par la même voie, lorsque je me serai déterminé sur la façon dont je dois le faire.

Auparavant, le prince avait voulu disculper le résident de Berny :

— Ce n'est point vous, Monsieur, c'est votre collègue seul que regarde le ressentiment que j'ai envoyé témoigner, touchant le complot d'enlever ma femme. Je suis persuadé que vous n'y avez eu aucune part.

— Aucune, Monseigneur, de quelque façon que ce soit. Ma femme en est innocente aussi, malgré le bruit contraire qui s'est répandu. C'est une dame d'honneur, et non une corruptrice.

Là-dessus, le marquis de Cœuvres, qui s'était radouci, voulut se justifier aux yeux du prince :

— Tout ce que j'ai fait a été pour obéir aux ordres du roi. Je me devais de les exécuter.

Et il ajouta :

— Justes ou injustes.

C'est le notaire de l'archiduc, Maurissen, qui fut chargé de rédiger les actes et de porter la réponse du prince à l'ambassadeur de France. Il se rendait à son hôtel, quand il rencontra, place du Sablon, son carrosse que suivaient trois cavaliers. La rue était étroite, le marquis au fond de la voiture avec de Préaux et d'autres de son entourage. Faute de pouvoir s'approcher, Maurissen prit le parti de marcher derrière le carrosse jusque dans la cour de l'hôtel. Là, comme il lui parut que les personnes qui accompagnaient Cœuvres, l'ayant reconnu, voulaient l'empêcher de remettre l'acte dont il était porteur, il le jeta dans le carrosse où était encore le marquis. Mais ce dernier, se regardant comme offensé par ce procédé, cria à ses gens :

— Arrêtez-le ! Arrêtez-le !

Si bien qu'en un instant, le notaire se vit entouré et le poignard mis sur la gorge. Puis, le marquis, étant descendu de sa voiture, le tira par son manteau :

— Sans la considération que j'ai pour Leurs Altesses, je te percerais à l'instant de mon épée !

Il força Maurissen, à demi mort de peur, à reprendre son acte, lui disant :

— Tu m'as surpris !

Il le chassa de la cour de son hôtel, avec défense d'y revenir sans sa permission.

Le notaire eut pourtant l'esprit de répondre qu'il était personne publique, qu'il avait le droit de faire pareilles significations à toutes sortes de gens, à l'exception de son souverain, et qu'il donnerait acte du refus au prince de Condé.

27

La retraite du prince

La princesse étant mise sous la garde des archiducs, il ne restait plus à Condé qu'à choisir le lieu de sa nouvelle retraite. L'Angleterre et la Hollande lui étant fermées par leur alliance avec Henri IV, l'Allemagne n'offrant pas une protection sûre, et le séjour de Madrid risquant de paraître trop compromettant, le prince se décida pour Milan.

Il fut résolu que le voyage se ferait avec tout le secret possible, tant pour le jour du départ, la route à prendre, que le lieu de destination. Spinola, se défiant de la légèreté du prince et de son indiscrétion accoutumée, ne voulut mettre dans la confidence que les archiducs et le comte d'Añovar. Il trompa Condé lui-même, en lui annonçant que le départ aurait lieu le 25 février, et le mettant à cheval le 20, habillé à la wallonne, dans le plus fort de la nuit, sous une tempête de neige (qui effaçait la trace des pas) et sans lui donner le temps de voir les archiducs.

En réalité, il ne le conduisit cette nuit-là que

dans une maison particulière, aux environs de Bruxelles, lui et ses trois compagnons : Rochefort, Virey et un de ses officiers, nommé Friedman (que d'aucuns appelaient « Fritma »), qui avait beaucoup voyagé, parlait plusieurs langues, et devait servir à la fois de truchement et de guide. Chacun d'eux portait une large et pesante ceinture piquée de trois cents doublons d'Espagne que leur avait remis le marquis.

Condé eût bien voulu emmener aussi son capitaine de chasse, Toiras, qui l'avait suivi depuis le départ de Muret ; c'était un homme intrépide, robuste, infatigable, qu'il connaissait depuis son enfance, l'autre l'ayant porté dans ses bras ; mais Toiras avait eu une vive dispute avec Rochefort, que Condé ne voulut pas sacrifier, après les preuves de dévouement qu'il avait données. Toiras dut donc être éloigné et fut envoyé en France, sous un prétexte quelconque. Et la faveur que lui témoigna Henri IV dans les derniers mois de sa vie donna à penser qu'il était à Bruxelles l'espion du roi.

Quand le jour se leva, la petite troupe était à Louvain, où elle ne trouva que du pain bis et, pour toute boisson, de la bière. Après avoir parcouru dix lieues, le prince et ses compagnons couchèrent dans un gros bourg, tout habillés et sur la dure. Au matin, ils virent leur escorte portée à une quarantaine d'hommes fournis par les Espagnols, et qui les accompagnèrent jusqu'à Venlo, sur la Meuse, où ils les laissèrent.

Ils achetèrent vingt chevaux qu'ils trouvèrent en

route, et ils entrèrent en Allemagne, où ils s'écartèrent autant qu'ils purent des grands chemins, traversant le Rhin, large comme la mer en cet endroit, et arrivant en Westphalie, où ils mangèrent du pain noir (que Virey digéra comme s'il se fût agi de pain frais de Gonesse), du lard jaune et rance et du poisson salé de Norvège dur comme bois. Ce fut alors le temps du carême et, bien que le prince en eût la dispense, il voulut, comme les autres, faire abstinence. Ils buvaient de la bière qui avait un goût de médecine et continuaient, le plus souvent, de coucher à même le sol, recouverts seulement de leurs manteaux courts. Parfois aussi, on les logeait dans l'étable attenante, et ils passaient la nuit sur la paille en entendant au-dessus d'eux mugir vaches et veaux, grogner les porcs, et les hôtes ronfler dans la pièce voisine.

A Munster, le prince, quittant ses chevaux, s'installa avec son petit train dans un chariot à ridelles, où l'on sema de la paille et qu'on recouvrit d'une toile. Un matin, au lever du soleil, Virey entonna avec piété le psaume XIX, en en changeant les versets pour qu'ils pussent s'appliquer à la fortune présente du prince ; puis, ayant dîné, ils remontèrent dans le chariot, où Condé, pour passer le temps, causa familièrement avec ses compagnons, leur racontant des souvenirs de son enfance et évoquant la figure de son précepteur, le vénérable Febvre, et le président de Thou, dont il craignait que le roi lui fît affront, et les autres seigneurs de la cour, les Conti, les Soissons, les Guise, les Bouillon.

Dans les villages où ils passaient (car le prince, pour ne pas être reconnu, évitait les villes), on les conviait à boire, parfois dans des verres malpropres, après les avoir fait asseoir à des tables où traînaient des restes de mangeaille, et près de gros poêles dégageant une odeur nauséabonde.

En Saxe, ils changèrent leur chariot pour une voiture à deux roues non protégée contre les intempéries ; ce qui fut cause que le prince, par un froid extrême, eut la fièvre, et qu'il fallut l'envelopper dans des linges chauds. Avec émotion et reconnaissance, il remercia ses amis de lui être aussi fidèles en endurant les mêmes maux que lui, et leur promit des jours meilleurs.

Bientôt, ils louèrent des carrosses et des chevaux pour Hildesheim, roulèrent dans la riche Thuringe, parsemée de bourgs, de châteaux, de monastères, passèrent à Mühlhausen, Erfurt et Cobourg, avant d'atteindre Bamberg, où l'évêque, prince et seigneur de la ville, envoya du vin à M. le Prince. Condé resta ensuite une journée à Nuremberg, visitant l'arsenal, puis une église où il se fit houspiller par un bedeau, à qui un gros bourgeois remontra que, sous de vils habits, se cachaient parfois des gens puissants, ce qui amusa beaucoup le prince.

En Bavière, on rencontra le Danube, et l'on coucha dans de fort beaux villages avec des maisons aux frontons décorés. A Augsbourg, où l'on passa deux jours, Condé commit un soir, dans une auberge, l'imprudence de se dire Français et Bourbon, et de désigner Virey et Fritma comme ses secrétaires. Cela fâcha d'autant plus Virey, qu'à la table d'hôte, où l'on parlait toutes les langues, se trouvait un négociant hollandais, venant de Venise, qui reconnut le prince pour l'avoir vu à Paris autrefois.

Le prince s'égaya par les rues de cette ville ancienne, s'intéressant à tout, aux bâtiments superbes et à la propreté des voies, comme à une pompe hydraulique ou aux trois portes des remparts, parce qu'elles étaient dotées de ressorts pour les manœuvrer. Enfin, il couchait dans un lit douillet de plume, et il pouvait faire sécher son linge en l'étendant près du poêle.

Il partit d'Augsbourg avec des chevaux de louage, traversa Schongau, puis le Tyrol et Innsbruck, gravit une montagne dans un char à bœufs, but dans les villages du vin clairet, et arriva à Trente, où le cardinal archevêque, le prenant pour un seigneur wallon de grand appétit, lui fit envoyer des poissons de belle taille et force flacons d'un vin excellent.

Il redescend les Alpes et parvient à Rivatello, au bord du lac de Garde, où le seigneur de la place sert un souper magnifique au prince et à ses compagnons, qu'il fait passer le lac de nuit, pour éviter la rencontre de vingt-cinq à trente cavaliers que l'ambassadeur de France à Venise a lancés à leur poursuite, sur les indications, peut-être, du Hollandais rencontré dans l'auberge, et que Virey, pour l'avoir revu ensuite trois fois dans les Alpes, tient pour un espion assuré, voulant même le jeter au fond d'un précipice. Car, dès qu'il avait su la nouvelle du départ de Condé, Henri IV avait envoyé des courriers partout, avec des ordres pour le faire arrêter.

Le voyage en Allemagne avait pu se passer sans encombre, Spinola ayant fourvoyé les poursuivants sur de fausses pistes. Mais le prince courait le risque d'être intercepté entre Augsbourg et Trente par les Vénitiens qui l'auraient remis aux agents du roi de France.

Avant qu'ils eussent atteint l'autre rive du lac, Virey, désignant au prince le pays qui s'étendait en face d'eux, avec ses bourgades paisibles, s'écria :

— Italie ! Italie !

et il entonna une espèce d'hymne à la liberté.

Ils trouvèrent des chevaux frais qu'un domestique, prenant les devants, était allé chercher dans un village voisin. Condé, qui était d'une humeur joyeuse, fit collation au bord de l'eau, avant de monter à cheval, suivi de dix autres, tous armés de longues arquebuses et de pistolets. Il gagna promptement Solférino, dans le marquisat de Castiglione, Meldola, possession du duc de Mantoue, s'embarqua sur l'Oglio au Pont-de-Mas, coucha à Saint-Jacques, la seule auberge qu'il y eût alors entre Mantoue et Crémone, et arriva dans cette dernière ville à la nuit. Mais, le voyant s'avancer avec une troupe armée, les sbires voulurent l'empêcher de continuer sa route ; heureusement, le podestat, apprenant qui il était, ordonna qu'on le laissât passer. Condé monta alors en carrosse et, le 31 mars, fit son entrée à Milan.

Accueilli à quelque distance de la ville par le

gouverneur du château, il y fut conduit tout d'abord, et il y resta le temps qu'on pût lui tailler des habits. Puis, le comte de Fuentes vint le chercher pour le mener, avec tous les honneurs, au palais ducal que le roi d'Espagne avait ordonné de mettre à sa disposition.

Le voyage, de Bruxelles à Milan, avait duré cinq semaines. Il est vrai qu'on n'avait pas pris le plus court chemin. Le temps avait été rigoureux et les gîtes mauvais. Condé ne s'était révélé qu'aux princes dont il traversait les États et qui lui fournissaient des escortes.

A Milan, le comte de Fuentes lui avait fait donner un appartement voisin du sien, afin de le mieux traiter. En vérité, c'était pour le garder plus sûrement, et contrôler à tout moment ses faits et gestes.

Et, pour irriter davantage Henri IV, Fuentes fit répandre le bruit qu'il avait mis la tête du roi de France à dix mille écus d'or, et qu'il donnait en permanence à son neveu M. le Prince une garde à pied et à cheval.

Il n'en restait pas moins que, comme sa femme était à Bruxelles, Henri II de Bourbon, à Milan, se trouvait prisonnier des Espagnols.

28

Le chagrin d'Alcandre

Le marquis de Cœuvres, voyant toutes ses ruses inutiles pour l'enlèvement de la princesse, et jugeant sa mission terminée, reprend la route de France avec le cœur plein de rage.

Persuadé que son envoyé extraordinaire n'avait pu manquer de réussir dans son entreprise, Henri IV avait quitté Paris le 16 février dans l'après-midi pour se rendre à Saint-Germain. Il y attendit, confiant et de belle humeur, la nouvelle du succès, et il se préparait même à se porter à la rencontre de la princesse de Condé.

C'est alors qu'un courrier, arrivant de Bruxelles à franc-étrier, vint lui annoncer que tout était perdu.

Le roi en fut d'autant plus irrité qu'il était assuré de l'heureuse issue de l'affaire, et qu'il se sentait coupable, au fond, de l'indiscrétion qui avait tout fait manquer. Il traita le marquis de sot, et dit au duc de Vendôme, fils de Gabrielle, que son oncle n'était qu'une bête. Enfin, à l'abbé de

Préaux, il écrivit ces mots où se montre l'expression vraie de la douleur : « *Je déchois si fort de mes mérangoises que je n'ai plus que la peau et les os. Tout me déplaît, je fuis les compagnies, et si, pour observer le droit des gens, je me laisse mener en quelque assemblée, au lieu de me réjouir, elles achèvent de me tuer.* »

Et c'est à Malherbe, une fois de plus, qu'il s'adresse, pour chanter dans des vers le chagrin qu'il ressent :

Je m'impose silence
En la violence
Que me fait le malheur.
Mais j'accrois mon martyre,
Et n'ose rien dire,
M'est douleur sur douleur.

Aussi suis-je un squelette,
Et la violette
Qu'un froid hors de saison
Ou le soc a touchée,
De ma peau séchée
Est la comparaison.

Mais Henri ne se décourage pas.

— Cape de Diou ! s'écrie-t-il en recevant l'ambassadeur à Paris du Saint-Père, je veux ravoir cette princesse à la cour, et je la raurai ! Personne ne pourra empêcher cela, et non pas le lieutenant de Dieu même !

Il écrit à l'archiduc Albert et à l'infante Isabelle, leur parle de la condition misérable faite à Charlotte, demande le renvoi de la sœur de Kerman, qui est odieuse à la jeune femme — ce qu'on lui accorde — le rappel de Philippote et de Mlle de Châteauvert — ce qui lui est refusé — et fait admettre de nouveau Mlle de Certeaux.

Sur les instances du roi, le connétable, par deux fois, envoie son secrétaire demander à l'archiduc qu'on lui rende sa fille, qu'on lui épargne les visites de Spinola, qu'il traite de « Gênois » et de « marchand », et prend l'engagement de songer sérieusement au divorce, qui serait d'autant plus facile à obtenir, selon lui, qu'il pensait que le mariage n'avait pas été consommé, tant il avait « la ferme créance que sa fille n'avait pas encore été touchée par le prince ».

Aussi l'archiduc, qui ne demandait pas mieux, à l'inverse des Espagnols, que de se débarrasser de cette encombrante affaire, envisagea-t-il de laisser décider le pape du divorce. Mais les Français appréhendèrent les longueurs de cette procédure.

Même le président de Thou, qui n'avait pas caché au roi qu'il ne désapprouvait point le prince d'avoir quitté le royaume, tente une démarche auprès de l'ambassadeur de Flandre à Paris, suppliant qu'on rende sa fille à ce pauvre père d'un âge avancé ; cependant que Henri IV, apprenant que le Dr Tibère, ci-devant médecin de M. le Prince, part pour Rome, le prie de passer par Milan et d'exhorter Condé à se soumettre, en lui faisant espérer le duché d'Alençon, du revenu de vingt-cinq mille écus, et des places fortes pour sa sûreté. Mais le roi, qui est vivement piqué des honneurs et des caresses qu'on fait au prince à Milan, envisage aussi, un moment, de le faire enlever. Pourtant, il lui arrive de se repentir de sa conduite, qui a forcé le prince à sortir de France et à se jeter dans les bras de ses ennemis. Dans ces moments-là, il entrevoit avec tristesse les effets funestes qui peuvent s'ensuivre de ce rien dont il a fait une plaie devenue peut-être incurable. Toutefois, ces regrets sont de courte durée : l'instant d'après, sa vindicte le reprend ; et, alors que le père Cotton, à Pâques, remarque que le roi est dans une si bonne volonté de faire son salut qu'il en oublie presque la princesse, il suffit que lui arrive une lettre de Charlotte où son « bel ange » l'appelle son « cher chevalier », pour qu'il prenne feu de nouveau. En vérité, ces jours-là, Henri est si obsédé par Charlotte que les ambassadeurs qu'il reçoit le tiennent pour un insensé. Selon don Inigo de Cardeñas, le roi est prêt à risquer sa couronne pour satisfaire une passion ; il est privé de raison et de sommeil ; il appelle sa belle la nuit ; et, le jour, il passe des heures à parler d'elle avec Charbonne, le maître d'hôtel qui vient de quitter Condé.

Le roi a mis en avant, pour réclamer à l'archiduc la princesse, le prétexte des fêtes du couronnement de Marie ; mais à présent, Henri IV exige de sa femme qu'elle écrive à Charlotte pour l'inviter à une cérémonie à laquelle elle ne peut se dispenser d'assister, et qu'elle s'entremette aussi auprès de l'Infante pour la prier de la laisser venir à Paris à cette occasion.

Marie s'y refusa absolument ; elle répondit à son époux qu'elle souffrirait ses amours avec toute la patience possible, mais sans jamais consentir à se montrer aussi complaisante à la face de l'univers. Henri, grandement irrité, fit suspendre les préparatifs du sacre ; pourtant, quelques jours après, une réconciliation intervint.

Pendant ce temps, à Bruxelles, auprès de la princesse, les agents secrets du roi ont été remplacés par des dames vertueuses et nobles. Charlotte, d'abord logée dans une chambre qui a appartenu à Mlle d'Épinay, est à présent reléguée, dit-on, dans un véritable galetas, à l'étage le plus élevé ; et on ne lui a laissé pour la servir qu'une seule de ses femmes. Elle présente une requête aux archiducs, demande sa mise en liberté, accuse son mari et affirme vouloir rompre avec lui.

Il était néanmoins des occasions à la faveur desquelles la princesse s'efforçait de faire bonne figure. Un jour que M. de Berny la rencontre au pèlerinage de Notre-Dame du Lac, où l'Infante l'a menée :

— Le bruit court, Madame, que vous vous plaisez si fort dans votre paradis, que si, maintenant, on vous offrait de revenir en France, vous vous y refuseriez.

— Ceux qui disent cela se trompent, Monsieur. Je cherche seulement à me distraire, avec mes femmes qui me sont toutes attachées et toutes m'aiment.

— La princesse, intervint l'Infante archiduchesse, sait très bien l'espagnol et le pourrait parler si elle le voulait.

— Je crains alors qu'elle n'oublie totalement le français.

— Rassurez-vous, Monsieur de Berny, répliqua vivement la princesse, je m'en garderai bien !

Au vrai, l'Infante n'était dupe ni des apparences que voulait donner la princesse, ni du rôle que continuait de jouer auprès d'elle Mme de Berny.

— Cette dame, disait-elle au cardinal Bentivoglio, est du nombre des personnes qui ne cessent de livrer des assauts à la princesse. Non contente de lui remettre chaque jour des billets avec des lettres qui viennent de France, elle lui fait exactement visite tous les jeudis ; elle lui demande compte de toutes ses paroles, de toutes ses pensées et de tous ses regards. C'est pour l'écrire en France le lendemain, jour du courrier. J'ai découvert toutes ces intrigues au moyen de diverses diligences que j'ai faites moi-même, et j'ai un déplaisir amer de tout ce qui se passe.

Le nonce, joignant les mains, prit un air apitoyé.

— C'est dommage, poursuivit l'Infante. La princesse a mille bonnes qualités, un caractère vraiment angélique, des mœurs très pures, des façons très nobles. Je me suis efforcée de plusieurs manières de la détacher d'un amour qu'on peut appeler son sortilège. Hélas ! les mauvais conseils ont prévalu sur les bons.

29
Une nouvelle Hélène

Pour ravoir la princesse de Condé, Henri IV se prépare à prendre les armes contre la Flandre. Ainsi, pour reprendre cette nouvelle Hélène, le monarque s'apprête à mettre le feu à l'Europe.

Puisqu'il n'a pu gagner le retour de Condé par la négociation, et que le prince est passé tout à fait dans les mains de l'Espagnol, il va user de la force, de façon que le roi catholique vînt à se repentir d'avoir fait une si grande faute à son honneur.

Il a toutes ces passions dans l'esprit, mais plus encore celle de revoir la princesse à la cour.

Aussi, quels cris d'étonnement les cours européennes ne font-elles pas entendre en voyant Condé fugitif et rebelle, et sa femme réfugiée en Flandre pour soustraire sa réputation à la violence d'un roi qui paraît vouloir se rendre coupable de rapt, d'adultère et d'inceste, à l'égard de celle que le ciel a unie au premier prince du sang ! Se peut-il, dit-on, qu'il se laisse aller à une action aussi scandaleuse, que la prudence ne lui fasse point considérer, sur la fin de ses jours, qu'après être venu heureusement à bout, à travers tant de périls, de pacifier la France si longtemps plongée dans des désordres funestes, il coure le risque de se discréditer auprès de ses sujets et des étrangers, et cela pour une chose aussi injuste que celle de vouloir persécuter son cousin parce qu'il ne consent point à lui abandonner sa femme !

Mais les plus sensés jugeaient que le roi, à cinquante-sept ans, n'allait pas entreprendre une guerre sur un motif aussi frivole, sa succession encore mal assurée — le dauphin n'avait que neuf ans — et alors qu'il venait de signer une trêve qui laisserait, lui mourant, ses alliés désarmés. Quelle imprudence, quel aveuglement ce serait de vouloir rouvrir lui-même un conflit, après avoir tâché de l'éteindre chez les autres ! Au reste, ce n'était pas chose aisée de faire conspirer les Provinces-Unies dans un même dessein avec le roi, soucieuses qu'elles se montraient de voir se prolonger la trêve ; et c'était une entreprise difficile et hérissée de hasards, que d'attaquer et de mettre en danger les pays de Flandre, pourvus d'une armée de troupes aguerries et massées sur les frontières, dotés de places fortes et de rivières formant obstacle, et habités par des peuples belliqueux et naturellement ennemis du nom français.

Que les passions les plus impétueuses des hommes, entendait-on encore, sont celles qui s'évanouissent plus tôt ; et qu'on devait croire que le roi, étant bientôt loin de celles-ci, serait homme à suivre des conseils plus avisés, et tâcher plutôt d'accommoder les affaires de Condé en demeurant en bonne intelligence avec les Espagnols. Et si ces raisons devaient être jugées si puissantes eu égard à Condé, combien le devaient-elles être davantage, en considération de la princesse ? Belle et mémorable action, vraiment, si le roi, en sa vieillesse, perdu en de vaines amours, mettait toute la France en armes, et toute l'Europe en trouble pour une femme !

Les raisonnements des hommes les plus sages se trouvent être parfois les plus faux. Voilà donc Henri résolu à mettre sur pied une armée, sur le prétexte de vouloir aider l'Électeur de Brandebourg et le Palatin de Neubourg à chasser l'archiduc Léopold (le frère de celui de Bruxelles) mis par l'empereur Rodolphe à Juliers. Il juge opportune cette affaire pour déclarer ouvertement la guerre à la Flandre et à l'Espagne. Déjà, il trame avec le roi d'Angleterre et les Provinces-Unies afin de les obliger d'armer contre la Flandre. Il traite aussi avec le duc de Savoie — fort mal à ce moment avec l'Espagne — et avec la République de Venise, qu'il excite contre la République de Milan. Il espère encore que tant de forces levées en même temps contre l'Espagne inviteront le pape à étendre sa souveraineté sur le royaume de Naples, possession espagnole : l'occasion en est bonne, le roi catholique étant occupé à chasser les Maures. Enfin, il ne désespère pas de réussir à ôter l'Empire germanique à la Maison d'Autriche.

— Je sais qu'on publie partout, déclare Henri IV au nonce Ubaldini, que je suis épris d'amour pour la princesse. Et quand ce serait vrai, ce ne me serait point un déshonneur aux yeux des hommes, qui ne refusent point à un cavalier le droit d'aimer une dame !

— Les fautes qui sont regardées comme très légères dans les hommes ordinaires n'en sont que plus lourdes chez les rois.

— Je vous prie, Monsieur le Nonce, d'avoir plus d'égard à mon âge et aux autres circonstances qui y sont jointes, qu'à l'artifice et à la malignité de mes ennemis. Si la princesse était rendue à son père, j'aurais autre pensée que celle de la voir, dans un temps où je me dispose à passer en Allemagne avec l'armée.

Et l'envoyé du pape n'ayant point répliqué, Henri ajoute :

— Dieu sait là-dessus ce qui se passe dans mon cœur. C'est à lui seul que je dois en rendre compte.

30

Le bruit des armes

— Je suis envoyé de la part du roi d'Espagne, mon maître, pour savoir de Votre Majesté pourquoi elle a une si puissante armée, et si c'est contre lui.

— J'arme mes épaules et ma terre pour empêcher qu'on ne me frappe, et mets mon épée en ma main pour frapper ceux qui me fâcheront.

— Que manderai-je donc au roi mon maître ?

— Vous lui manderez ce qu'il vous plaira.

Henri IV étant résolu à la guerre, il ne diffère pas longtemps.

Dans tout le royaume, on lève des gens de guerre ; on fortifie les frontières ; on forme des magasins de vivres et d'artillerie ; la fleur de la noblesse s'apprête à monter à cheval pour accompagner la personne du roi. Enfin le bruit des armes commence de retentir par toute la France.

Cependant, à Bruxelles, l'archiduc n'est pas si ferme que Spinola témoigne l'être dans l'opinion que le roi de France ne se mettra point en mouvement. Le marquis croit qu'il y a de l'artifice dans ce grand armement. Il espère que le roi d'Angleterre, Jacques Ier, qui est d'un naturel paisible, toujours à court d'argent, et jaloux des agrandissements français, ne bronchera pas. Quant aux Provinces-Unies, il est à penser qu'elles ne se laisseront pas porter à rompre la trêve. Car, pour ce faire, il fallait réunir les suffrages des sept provinces, ce qui n'était pas une petite affaire, vu que les intérêts des unes et des autres n'étaient pas forcément les mêmes : ainsi, les régions situées en bordure de mer, comme la Zélande, avaient toujours joui d'une paix profonde, alors que celles au-dedans des terres avaient constamment formé le rempart des autres. Mais si, au contraire, les Hollandais s'unissaient à la France, dans un temps où les princes hérétiques étaient en armes dans les duchés de Clèves et de Juliers, il y aurait un grand sujet de crainte pour l'Espagne, car la tempête des armes viendrait à se décharger en Flandre de trois côtés à la fois.

De plus, les armées espagnoles aux Pays-Bas sont diminuées depuis la trêve : on n'y dispose que de dix mille hommes de pied et mille cinq cents chevaux, alors qu'il en faudrait au moins le double ; on éprouve des difficultés d'argent : on réclame à l'Espagne quatre cent mille écus ; on lève en hâte des Allemands et des Wallons, des arquebusiers à cheval, des lanciers et des cuirassiers.

Du côté français, on évalue à trente mille le nombre des troupes, dont une partie de Suisses, et celui des chevaux à cinq mille. Et, dans les Provinces-Unies, le roi de France entretient à ses frais quatre mille hommes et deux cents chevaux. Quant aux finances, le prévoyant Sully a entassé de telles réserves, à la Bastille et à l'Arsenal, que leur montant en argent atteint le chiffre fabuleux de quarante-trois millions. Henri IV a de quoi aligner sur le terrain la plus belle armée qu'on ait vue depuis le règne de François Ier !

On ignore encore où le roi portera ses premiers coups ; mais sa résolution de diriger l'entreprise n'est plus douteuse : il va organiser un conseil de régence et régler, pour le temps de son absence, le gouvernement du royaume. Henri dit en effet vouloir absolument commander en personne : à la manière des héros de la Table Ronde, il se fait forger de nouvelles armures où, avec d'autres devises amoureuses, son nom est associé au chiffre de la princesse ; et, en France, on n'appelle plus cette guerre à laquelle on s'attend que « la guerre d'amour ».

Ordre est donné aux troupes de se rendre en Champagne ; dans la partie du Dauphiné qui regarde l'Italie, deux armées sont rassemblées sous le commandement du maréchal d'Estrées ; Lesdiguières est prêt à passer en Savoie où le duc Charles-Emmanuel, auquel on compte cent mille écus, et dont les intrigues finissent par brouiller tout à fait les couronnes de France et d'Espagne, se prépare à attaquer le Milanais avec des forces redoutables ; sur les Pyrénées, le duc de La Force rassemble un corps de troupe que viennent grossir des Morisques ; le roi d'Angleterre et les Hollandais promettent de leur côté d'entrer dans la Confédération, les derniers avec quinze mille hommes au moins ; enfin, les princes protestants, qui ont réuni vingt-cinq mille fantassins, assurent qu'ils vont en lever seize mille autres.

Tel est l'état des affaires à la fin avril 1610.

Tout le ciel de l'Europe est devenu orageux par les préparatifs de guerre que font les plus grands princes ; et le pape s'emploie à modérer les ardeurs des deux cours.

— En ce qui concerne le pape, dit Henri IV au ministre espagnol don Pedro de Tolède, je le vénère comme successeur de saint Pierre et chef de la foi. Mais en tant qu'il se mêle des affaires du monde, je ne le considère que comme un pauvre homme.

Don Pedro, que Henri IV appelle un « idiot solennel », multiplie les rodomontades avec l'ambassadeur de France :

— Mon maître a dans l'Italie tant d'armes et tant de force, prétend-il, qu'il a plutôt lieu de s'y promettre des conquêtes que d'y appréhender des pertes. Mais si le roi de France venait à essuyer une seule bonne défaite, il ne s'en relèverait jamais.

Et le ministre, qui exagère les préparatifs de la couronne d'Espagne, de laisser entendre la facilité extrême qu'aurait son souverain de soulever la France avec peu d'argent, voire de faire la paix avec les Provinces-Unies pour qu'elles tournent leurs forces contre Henri IV et assaillent toutes ses frontières.

— Dans ce cas-là, réplique le monarque, je serai en selle avant que le roi d'Espagne eût mis le pied à l'étrier.

Au nonce, qui lui représente que la guerre est comme le feu, qu'il faut peu de chose pour l'allumer dès lors que la matière est préparée et inflammable, mais qu'on ne l'éteint ensuite qu'avec peine :

— Tout a été discuté et mûrement résolu, répond Henri IV. Mon intérêt demande que je prenne les armes.

Pour lui, la question de Clèves est uniquement une affaire d'État, et non de religion.

— Si Sa Majesté aide les princes protestants des duchés de Clèves et de Juliers, réplique le nonce, ceux-ci nuiront de mille manières aux princes catholiques du voisinage.

— Je donne ma parole de roi au vicaire de Jésus-Christ que je ne favoriserai ni l'Électeur de Brandebourg ni d'autres au préjudice de la religion. Et je m'oblige dès aujourd'hui de la conserver en ces duchés dans le même état qu'auparavant, sans jamais permettre qu'elle soit altérée le moins du monde.

— Il ne s'est jamais trouvé de prince protestant qui ait voulu consentir de permettre l'exercice de la religion orthodoxe chez lui, alors qu'à l'inverse les hérétiques ne laissent pas d'obtenir de plusieurs princes catholiques de célébrer leur culte en toute liberté.

— Je prie le pape d'ouvrir les yeux, et de ne point favoriser les intérêts de la Maison d'Autriche sous prétexte de piété.

— Sa Majesté devrait savoir que la Ligue ne peut se proposer d'autre fin que la religion.

La conversation étant venue une fois de plus sur la princesse de Condé, le nonce fit craindre à Henri que, s'il armait pour elle, l'archiduc et les Espagnols la feraient garder avec soin dans l'endroit le plus fort de la Flandre et le plus éloigné des frontières de la France ; en sorte que le roi ne pourrait espérer de la ravoir qu'en s'emparant de tout le pays.

— Et si Votre Majesté déclare la guerre aux Espagnols, le connétable risque de ne jamais la revoir, car ils la feront aisément passer en Espagne ou en Italie, et ils se serviront peut-être du mari pour des choses préjudiciables à votre royaume, auxquelles ils n'avaient jamais pensé.

Puis Henri IV fit état au nonce de la proposition qu'avait faite le père Cotton à l'ambassadeur Pecquius, engageant son maître à « cligner des yeux » pendant que Mme de Condé prendrait la fuite. On disait que l'archiduc, homme naturellement pieux, avait été ébranlé qu'un père jésuite d'une telle autorité lui démontrât que la chose était possible sans qu'il vînt à manquer à son devoir.

Mais le marquis de Spinola n'était pas de cet avis. Il voulait s'en tenir à la parole donnée au prince.

— Nous sommes résolus, proclamait-il avec force, avec tout ce qu'il y a de sujets du roi d'Espagne à Bruxelles, d'aller nous jeter aux genoux de l'archiduc pour le conjurer de ne consentir en aucune manière à se rendre l'instrument du péril qui exposerait la femme du prince aux désirs du roi de France. Car ce serait l'action la plus abominable que jamais souverain de l'univers eût commise.

C'est au cardinal Bentivoglio surtout que le marquis, avec feu et indignation, tenait ces propos.

— Personne n'a plus désir que moi qu'on ne rentrât plus en guerre, poursuivait-il. Je l'ai désiré soit pour l'intérêt public, soit pour le mien propre. J'ai consumé une grande partie de mon bien par les dépenses extraordinaires que j'ai faites en Flandre. C'est ce qui me donne une envie extrême d'aller en Espagne, d'y fixer mon séjour avec ma famille, et de tâcher de trouver quelque remède pour réparer les pertes de ma maison. Si cependant j'ai désiré la paix, ç'a été avec la juste considération de mon honneur et de celui de mon roi. Or, cette même considération demandant aujourd'hui que je demeure ici, je suis prêt à consumer pour elle tout ce qui me reste de biens, et jusqu'à sacrifier mes propres jours. Dans le cas où l'archiduc voudrait se résoudre à une action aussi indigne que celle de livrer la princesse, j'aimerais mieux mourir que de la voir.

En réalité, la perspective de se mesurer avec Henri IV, autre grand capitaine, et d'en découdre avec lui sur le terrain, ne déplaisait pas au marquis de Spinola.

Enfin, il ne restait plus à Henri IV qu'un mince espoir, ou plutôt une illusion dont il se berçait, car cela ne changeait rien au sort qui serait fait à la princesse. Depuis quelques jours, en effet, le parlement de Paris avait condamné Henri II de Bourbon, prince de Condé, à subir tel châtiment qu'il plairait à Sa Majesté d'ordonner.

Henri était allé lui-même solliciter cet arrêt ; et, pour marquer sa douleur d'en venir à cette extrémité avec son proche parent, il avait assisté à la séance sans aucune pompe ni suite, et en s'asseyant à la place du premier président, sans dais ni marchepied.

Dorénavant, l'archiduc n'avait plus aucune raison de retenir la princesse, car elle n'était plus sous le pouvoir de son époux, criminel de lèse-majesté, et comme tel tenu pour civilement mort.

31

Le Grand Dessein

Le « Grand Dessein » de Henri IV a été longuement exposé par Sully dans les Mémoires qu'il a rédigés après la mort du roi.

Mais il faut savoir que, depuis la fin du siècle, Henri IV caresse en secret le rêve impérial et brigue le titre envié de « roi des Romains ». Faute d'avoir des chances de succéder à Charles Quint, il s'efforce, par le biais des « bons offices » et sur le prétexte d'arbitrer les conflits qui surgissent entre les puissances, d'exercer partout son hégémonie en Europe. Ce n'est donc pas par hasard qu'il choisit pour devise, pour l'an 1608, *Tandem arbiter orbis,* « le roi arbitre de l'univers » ; ni s'il laisse se forger dans les esprits la légende d'un héros digne de ceux de l'Antiquité : on le tient à la fois pour un nouveau Mars et un nouvel Hercule, cependant que des auteurs le comparent à Alexandre et à Charlemagne. N'est-il pas déjà, au reste, *Henricus Magnus*?

Ce plan ambitieux d'établissement d'une *Répu-*

blique très chrétienne, qui eût pris la forme d'une confédération entre les États souverains de l'Europe, est l'œuvre de Henri IV et de Sully. Il est né, peut-être assez tôt, dans l'esprit de Sully, et il s'est développé à l'occasion de conversations à bâtons rompus entre le roi et son ministre sur les moyens d'abaisser la Maison d'Autriche qui constituait, en ce début du XVIIe siècle, un danger pour la France et l'Europe.

Les guerres de Religion ayant apporté la preuve qu'on ne pouvait rétablir par la force l'unité de la foi chrétienne, Sully arrive à la conclusion que « nul ne peut être persécuté en sa personne ni en ses biens en raison de ses opinions religieuses ». Il reconnaît à chaque prince le droit de fixer l'ordre qu'il désire être suivi dans son État, en matière de religion. Ces trois sortes de religion, dont l'exercice sera libre et public, sont la romaine, la protestante et la réformée. Comme on voit, Sully tient à marquer la différence entre les partisans de Luther et ceux de Calvin.

Pour éviter le retour à des luttes fratricides, le surintendant propose un plan dont l'application entraînerait un bouleversement de la carte politique et, par suite, conduirait à un nouveau partage de l'Europe.

Fort sagement, il veut tenir compte à la fois de la géographie naturelle et de la communauté de la langue. Mais le souci principal du Grand Dessein est de rechercher un équilibre entre les nations souveraines, en rendant « à tous les quinze grands potentats de l'Europe chrétienne une égalité de puissance, royaume, richesse, étendue et domination ».

Bien que des actions contre les Infidèles ne puissent être exclues, ou encore contre ceux qui veulent troubler l'ordre établi, il importe que les États déclarent renoncer pour l'avenir à toute guerre de possession et de conquête. Il s'ensuit qu'un arbitrage permanent se révélera nécessaire, qui devrait permettre de régler pacifiquement les différends qui pourraient surgir.

Il est patent aussi qu'un équilibre européen fondé sur ces principes implique le démembrement de l'empire constitué par la Maison d'Autriche : on réduira ses possessions au « seul continent des Espagnes, enclos de trois côtés par la mer, et du quatrième des Monts Pyrénées », ne lui laissant ailleurs que les Baléares et la Sardaigne.

Le Saint Empire germanique devant être amputé de nombre de ses territoires au profit surtout de la Bohême, recevra en contrepartie la féodalité des Républiques helvétique et belge, et son chef sera dorénavant élu, comme autrefois. Le roi de Hongrie sera lui aussi élu, et ce choix sera déterminé par les huit plus puissants potentats de l'Europe chrétienne, dont le pape. De plus, pour que la Hongrie soit un rempart suffisant contre le redoutable empire des Turcs, Sully propose d'ajouter à ce « débile reste de royaume » l'archiduché d'Autriche et quelques Länder avoisinants.

Le royaume de Bohême sera également détaché de la Maison d'Autriche, laquelle perdra le royaume de Sicile, au profit de la République de

Venise. La Pologne devra être maintenue dans la plus grande étendue pour qu'elle soit, elle aussi, un rempart, à la fois contre les Turcs, les Moscovites et les Tartares.

L'Angleterre qui, depuis la mort d'Elizabeth, a ajouté à la couronne l'Écosse et l'Irlande, devra se contenter de ses possessions ; quant à la France, elle ne cherchera pas non plus à s'agrandir, et elle restera une monarchie héréditaire dont il est à souhaiter que les rois soient toujours « pieux, bons et sages ».

Pour gagner enfin le pape à ses projets, Sully juge nécessaire d'augmenter sa puissance temporelle en lui remettant le royaume de Naples et ses dépendances, qui seront enlevés à l'Autriche. Car, observe le surintendant, on ne saurait rien attendre du Saint-Père, « tant qu'il aura les fers aux pieds et les menottes aux mains, étant circuit et environné des entraves de la Sicile, Naples, Milan, Florence (dont le duc tremble quand l'Espagne parle), de l'État de Gênes » et de quelques places fortes importantes.

Il va de soi qu'en contrepartie, le pape ne favorisera plus les ambitions de la Maison d'Autriche, et qu'il acceptera, au sein de la République chrétienne d'Europe, la coexistence de trois religions, quand bien même deux de celles-ci ne le reconnaissent pas pour le chef de l'Église.

Mais le surintendant accorde aussi son attention à des États anciens, comme le Danemark, la Norvège et la Suède, qu'il confond en un seul article, ou à de nouveaux, qu'il veut créer de toutes pièces, comme le royaume de Lombardie ou la République italienne.

Le souci majeur du Grand Dessein étant l'établissement d'une paix universelle et durable, celle-ci ne pouvait être obtenue que par la tolérance religieuse et au prix d'une réorganisation territoriale de l'Europe. Il reste que l'on visait surtout, à court terme, à délivrer les États de l'Église, l'Allemagne, l'Italie et les dix-sept provinces des Pays-Bas « de la terreur des armes et dure domination de l'Espagne et de la Maison d'Autriche ».

Pour arbitrer les conflits, l'autorité du pape n'étant plus suffisante, Sully juge nécessaire d'établir une véritable confédération entre tous les États de l'Europe, qui s'inspirerait du « Conseil des Amphitryons » de la Grèce antique. Ainsi, dans l'un des projets du Grand Dessein, était prévu un « Conseil commun » constitué par une assemblée de soixante-six membres nommés pour trois ans, tous « personnes de probité, esprit et jugement » ; puis, dans un autre projet, un « Conseil général », composé de quarante personnages « fort qualifiés et surtout bien avisés », était assisté, à l'échelon régional, de six conseils particuliers. De ce qui n'est en fait qu'une ébauche de projet, on retiendra qu'en dévoluant une égale représentation aux « cinq Grands » — le Pape, l'Empereur, les rois de France, d'Espagne et d'Angleterre — la préoccupation du Grand Dessein était de rechercher un équilibre entre eux.

Enfin, Sully envisageait de mettre sur pied une armée européenne, à laquelle il assignait principalement deux tâches : la défense de l'ordre établi et la lutte contre les Infidèles. Il en fixait le nombre des forces : 220 000 hommes d'infanterie, 53 000 de cavalerie, 117 vaisseaux, etc., ainsi que l'importance du contingent que devait fournir chaque État, « eu égard à la possibilité de chaque roi ou prince ».

En avril 1610, l'affaire de Clèves offrait une illustration de ce que les plans envisagés par le Grand Dessein eussent permis de faire, en empêchant que les héritiers légitimes du feu duc ne fussent dépossédés de leurs États par l'Empereur.

— Les affaires de Clèves sont par elles-mêmes de peu de conséquence, dit l'ambassadeur espagnol à Henri IV. Au contraire, si Votre Majesté s'en mêle, elles accableront de maux la chrétienté.

— Le roi d'Espagne a été le premier à s'en mêler, réplique le roi.

— La Flandre se trouve entre les États de Votre Majesté et ceux où elle déclare vouloir porter les armes. C'est pourquoi le roi d'Espagne, qui aime fort l'Infante sa sœur et l'archiduc son beau-frère, défendra leurs intérêts comme les siens propres.

— Si le roi catholique fait bien de tenir compte de ses parents, il ne fait pas bien de tenir si grand compte des parents des autres.

— La princesse de Condé est sujette de son mari.

— Elle est sujette de la France, et non de la Flandre. Mais enfin, Monsieur l'Ambassadeur, quelle est la raison pour laquelle vous m'avez demandé audience ?

— Ç'a été uniquement pour déclarer à Votre Majesté que les intérêts de l'archiduc et de l'Empereur étaient les mêmes que ceux de mon maître, et que les affaires de Clèves seraient de peu d'importance selon que Votre Majesté se gouvernerait. C'est afin qu'elle le sache et qu'elle y réfléchisse.

— J'y ai déjà réfléchi.

32

Le cœur couronné percé d'une flèche

— Les Espagnols n'ont aucune raison de croire que je songe à leur faire la guerre, sinon ce que leur conscience leur reproche.

Ainsi s'exprime Henri IV, alors qu'il s'apprête à se mettre en campagne, et que le nonce est venu lui présenter un bref du pape l'exhortant à la concorde. L'envoyé du Saint-Père lui dit voir clairement que son dessein n'est point de secourir Clèves, mais d'attaquer l'archiduc Albert dans la Flandre et de rompre avec les Espagnols.

— Vous vous trompez, Monsieur le Nonce. Mon intention n'est sûrement point de faire aucune peine à l'archiduc. Je me propose seulement d'aller droit à Juliers.

— Quelle est la route que Votre Majesté compte prendre ?

— Le chemin le plus court est le pays de Liège et de Luxembourg. C'est là que je demanderai le passage à l'archiduc, comme ami, en promettant de ne pas causer le moindre dommage.

— Quelle sûreté Votre Majesté lui donnera-t-elle ? Se propose-t-elle enfin de faire passer son armée à la file, compagnie par compagnie ?

— Je veux passer avec mon armée toute réunie.

— Votre Majesté veut donc faire autre chose en Flandre qu'y passer? interrogea le nonce en souriant. Votre Majesté se moque, lorsqu'elle affirme que l'archiduc n'a ni sujet ni raison, pour hésiter d'accorder le passage à un roi de France, à la tête de trente mille hommes, à un roi qui, publiquement, se dit offensé par lui. Elle se moque encore, en croyant qu'il le lui accordera, tandis que vos préparatifs annoncent clairement le contraire. Votre Majesté est résolue de s'ouvrir le passage par la force, dans le cas où il lui sera refusé. C'est déclarer qu'elle veut faire la guerre au roi catholique. Je suis en conséquence obligé, pour obéir à Sa Sainteté, de lui représenter une seconde fois les maux infinis qui en naîtraient. Toute la chrétienté les attribuerait à cette résolution de Votre Majesté, dont presque tout l'univers serait étonné.

Et, comme Henri IV se mettait à peindre avec force et d'un ton courroucé le tort qui lui était fait :

— Votre Majesté peut sentir mieux que personne, poursuivit le nonce, que l'intérêt commun des princes de l'Europe est de maintenir la balance entre les deux rois. Qu'ils les verront volontiers en guerre, afin que leurs forces soient occupées ; mais qu'ils ne souffriront jamais que l'un détruise l'autre, et qu'ils seront toujours prêts à s'unir au plus faible.

— Si le pape se plaint de ce que nous voulons la guerre, répliqua Henri IV, et s'il désire que la paix de la chrétienté se maintienne, il faut que, ce qu'il me fait dire, il le dise aux Espagnols, qui veulent donner la loi à l'univers, offenser les droits et l'honneur des autres, et prétendre que je dois demeurer oisif. Me voilà déjà armé, et il m'en a coûté beaucoup. Il n'est plus question de paroles, mais d'effets. Je suis absolument résolu de partir pour l'armée le 15 du mois prochain, le couronnement de la reine fait ou non, et je serai à Juliers pour tout le mois, si je ne rencontre pas d'obstacle dans ma route.

Cependant, à Madrid, le péril devenant pressant, l'inquiétude succède à la confiance. Don Inigo, qui a essayé de soulever la France, doit bien reconnaître que les huguenots paraissent devoir rester invariablement fidèles au roi. Même si, à Paris, le père Cotton va jusqu'à déclarer qu'il se considère, lui et ses frères, comme sujets du roi d'Espagne, et si la reine Marie dit que Henri, en faisant cette guerre, se perdra, l'ambassadeur de Flandre presse son maître de trouver un accommodement. Aussi, ne songeant qu'à échapper à la violence des premiers coups, l'archiduc paraît prêt à consentir que l'armée française, réunie en Champagne, traverse le Luxembourg.

Avec les troupes fournies par les divers États confédérés, cette armée était forte de cinquante-quatre mille hommes de pied, de sept mille cavaliers et de quarante-cinq canons. Si l'on y ajoute les corps qui devaient être formés sur d'autres frontières, on peut évaluer le total des forces qui allaient entrer en action à plus de deux cent vingt mille hommes.

Il y avait, à la tête de l'armée de Flandre, deux grands capitaines : un Espagnol, don Luis de Velasquez, général de la cavalerie, et un Flamand, le comte de Bucquoy, grand maître de l'artillerie, dont les conceptions s'opposaient en matière de stratégie. L'archiduc voulut les consulter tous les deux en conseil sur la conduite à suivre. Velasquez, représentant que les forces dont il disposait n'étaient que de la moitié de celles du roi de France, conseillait d'accorder le passage par le Luxembourg, mais de se tenir sur la défensive et de prendre position sur la Meuse, large et profonde, en s'appuyant sur la place forte de Philippeville.

— Même si notre infanterie leur est supérieure, l'avantage du nombre pour les Français est trop considérable, d'autant que leur cavalerie, renforcée par les meilleurs fils de la noblesse, n'a pas son égale en Europe. Mais le roi, obligé qu'il sera de s'attarder dans les provinces d'outre-Meuse, usera sa patience et ses forces, cependant que des renforts d'Espagne nous arriveront, et que notre flotte agira en Méditerranée et sur l'Océan. Nous pourrons alors passer de la défensive à l'offensive, et prouver au roi de France qu'il est plus facile de vaincre une faible femme que de détruire des armées aussi considérables que celles de l'Espagne, unies aux forces de l'archiduc.

— Il est chimérique, répondit Bucquoy, de prétendre empêcher le roi de franchir la Meuse, et compter sur les secours d'Espagne ne l'est pas moins : l'expérience nous a que trop démontré, dans les guerres passées, combien peu les Flandres peuvent en espérer, et quel temps on perdrait à les attendre, peut-être en vain ; et les Français mettront ces lenteurs à profit pour opérer leur jonction avec les vieilles bandes aguerries des Provinces-Unies et se rendre maîtres du terrain. Or notre armée est habituée à la guerre ; elle est rompue à la discipline. Ce n'est pas le nombre qui compte, mais le courage ; ce n'est pas le premier élan, mais la solidité qui donne le succès. Les Suisses seuls opposeront quelque résistance à notre infanterie qui mettra la française en difficulté. Et puis, qui sait ? nous voyant si résolus à défendre l'accès de nos frontières, le roi Henri peut-être changera de résolution.

Malgré le péril qu'il y avait à suivre les avis du grand maître de l'artillerie, le marquis de Spinola y était secrètement porté, et ce conseil hardi lui paraissait encore le plus prudent.

Dans le même temps, l'archiduc Albert écrivait à Condé pour lui faire comprendre que le moment de céder était venu :

Ayant considéré, lui disait-il assez durement, *le peu d'affection que la princesse découvre envers vous, à ce point que, depuis votre partement, il n'y a jamais eu moyen de lui faire recevoir ni lire seulement aucune lettre venant de vous ; ce qu'ayant considéré, et le dégoût, ennui et déplaisir que ladite princesse éprouve journellement de plus en plus de se voir retenue chez nous, nous avons été occasionnés de vous en donner compte, afin que vous y avisiez sérieusement, et à donner au plus tôt réponse et quelque sorte de satisfaction sur la réquisition du connétable.*

A Paris, Pecquius ne cache pas maintenant que la princesse quittera bientôt la Flandre ; et don Inigo de Cardeñas, se faisant subitement conciliant, se propose lui aussi d'écrire à Condé pour lui conseiller d'aller à Rome et de ne plus s'opposer au retour de sa femme en France. Henri IV lui-même se radoucit, et il parle amicalement du roi d'Espagne à son ambassadeur. Mais il n'en continue pas moins ses armements. Peut-être a-t-il en tête la réalisation de son Grand Dessein, plus que la délivrance de sa belle captive.

Cependant, à Milan, le comte Fuentes continue de rendre au prince les plus grands honneurs ; une garde veille à sa porte et le suit partout dans ses déplacements. Et, habitué qu'il est aux façons libres de la cour de France, Condé supporte péniblement cette pompe continuelle et cette gravité imperturbable des Espagnols. Alors, à défaut de pouvoir se livrer à la chasse à courre, il visite tous les monuments de la ville et des environs ; et, pour tromper son ennui, il s'essaie à traduire Tacite sous la direction de Virey.

C'est dans ces distractions inoffensives et dont le roi de France avait bien peu sujet de craindre, que Bullion, chargé par Henri IV de surveiller le prince et de chercher à le faire partir de Milan, envoya à Condé des agents dont le premier, un médecin nommé Foucquet, abrégea sa mission, pour la simple raison qu'il n'avait point de proposition sérieuse à faire, et le second, l'abbé Nozet, quoique sans caractère officiel, lui porta les assurances positives du bon accueil que lui ferait le pape, s'il consentait à se rendre auprès de Sa Sainteté.

Condé, ébranlé, consulta Fuentes sur son projet de voyage à Rome ; et le comte, trop habile pour combattre ouvertement ce dessein, feignit même d'y entrer, tout en en faisant ressortir les inconvénients et les dangers :

— Le pape est un homme sans caractère, entièrement livré à l'influence du roi de France. Or, que deviendrait Votre Altesse au milieu des dix mille Français répandus dans Rome et agités par le bruit que sa tête est mise à prix ?

Vers la fin du mois de mai 1610, Virey vint une nuit éveiller Condé, et lui remit une lettre que le secrétaire particulier de Fuentes avait apportée pour qu'elle fût immédiatement présentée au prince. Condé la parcourt des yeux et la tend à Virey sans dissimuler son émotion.

Ce billet du gouverneur d'Alexandrie annonçait la mort, à Paris, de Henri IV, assassiné le 14 de ce mois.

Ce jour-là, en effet, sur les quatre heures de l'après-midi, le carrosse du roi se trouvant arrêté par une charrette de foin dans l'étroite rue de la Ferronnerie, l'un des valets se porta en avant pour aider à dégager la voiture, tandis que le second se baissait pour renouer sa jarretière. Cela laissa le temps à un grand homme roux du nom de Ravaillac, arc-bouté d'un pied à une borne et de l'autre aux rayons de la roue arrière, de porter au roi, de la main gauche, deux coups de couteau, dont le second trancha l'aorte.

Le carrosse du roi se trouvait à ce moment-là devant une maison à l'enseigne du *Cœur couronné percé d'une flèche.*

33

Épilogue : Le Grand Condé

Le prince de Condé ne reçut point la lettre de l'archiduc, pour la simple raison qu'elle ne lui fut pas envoyée : elle était datée du 14 mai, et l'on s'apprêtait à en adoucir les termes, quand parvint à Bruxelles la nouvelle de la mort du roi, qui fut presque saluée avec joie dans les Pays-Bas espagnols.

L'archiduc Albert respira : il était débarrassé d'un dangereux voisin. La guerre de Troie n'aurait pas lieu : le Grand Dessein imaginé par Sully et Henri IV serait relégué dans les greniers de l'Histoire comme une utopie ; la Maison d'Autriche pourrait continuer d'affirmer en Europe son hégémonie, les jésuites remercier Dieu et la Providence, et l'entourage de Marie, sinon la reine elle-même, avoir dorénavant les coudées franches.

On dit que la mort de son parent causa à Condé un chagrin sincère, et que, quittant ses prétentions, il se rit du rôle que voulaient lui faire jouer les ministres de Philippe III, en songeant sérieusement à lui comme un candidat au trône de France.

Son séjour à Milan n'ayant plus de raison d'être, le prince, muni d'un passeport pour les Pays-Bas et d'un brevet de capitaine de chevau-légers, quitta cette ville le 9 juin, accompagné de Virey. Il traversa rapidement la Suisse, la Franche-Comté, la Lorraine, et arriva à Bruxelles le 18, d'où il envoya ses lettres de soumission au roi et à la reine régente, mais où il s'abstint de rencontrer sa femme, ce qui dit assez la nature des sentiments que les époux, à ce moment, éprouvaient l'un pour l'autre.

Il alla voir les archiducs à Marimont, offrit à Albert une épée de huit à dix mille écus, deux poignards au marquis de Spinola et un diamant à la gouvernante de l'Infante. Puis il prit la route de Paris avec une soixantaine de cavaliers ; cependant, à mesure qu'elle se rapprochait de la capitale, sa troupe se grossissait de la noblesse des lieux où elle passait ; si bien qu'en arrivant à Louvres-en-Parisis, le premier prince du sang qui, sept mois plus tôt, avait fui en cachette et la nuit, se donnait des allures de roi en chevauchant à la tête de deux cents montures, au-devant desquelles se portait à sa rencontre un autre cortège, qui ne comptait pas moins de treize cent cinquante autres cavaliers !

La réconciliation des époux se fit à quelque temps de là. Elle fut, dit-on, sincère ; et la princesse en donna les marques en demandant comme une grâce, lorsque Condé, quelques années plus tard, fut arrêté, d'être enfermée avec lui. Elle partagea ainsi sa prison pendant deux ans et donna au prince trois enfants, dont l'un devint celui qu'on appela « le Grand Condé », le vainqueur de Rocroi ; l'autre, la duchesse de Longueville, qui fut l'une des héroïnes de la Fronde ; Armand enfin, qui combattit, en cette occasion, au côté de sa sœur pour laquelle il s'était épris de passion.

L'âge ne paraissait pas avoir de prise sur Charlotte. « Sa beauté était grande encore, dit Mme de Motteville, quand, dans mon enfance, j'étais à la cour, et elle dura jusqu'à la fin de sa vie. Nous lui avons donné des louanges à cinquante ans, et des louanges sans flatterie. Elle était blonde et blanche ; elle avait les yeux bleus et parfaitement beaux. Sa mine était haute et pleine de majesté, et toute sa personne, dont les manières étaient agréables, plaisait toujours. »

— Quel dommage, confiait Charlotte à Mme de Motteville, que le cardinal Bentivoglio n'ait pas été pape, afin de pouvoir me vanter d'avoir eu des amants de toutes les conditions : des papes, des rois, des cardinaux, des princes, des ducs, des maréchaux de France, et même des gentilshommes !

Mais la princesse de Condé, avec modestie, trouvait que le cardinal l'avait flattée dans le portrait qu'il avait fait de sa beauté.

— Il était fort amoureux de moi lorsque j'étais à Bruxelles.

— Avec un nom pareil*, repartit le vieux maré

* En italien : « Je te veux du bien. »

chal de Bassompierre, cet homme-là, Madame, ne pouvait que vous vouloir du bien. Et, en plus de l'amour, il vous eût baillé l'absolution.

La princesse rit, et elle ajouta de fort bonne grâce qu'elle avait eu une étoile favorable pour se faire aimer des vieillards.

Wolfenbüttel, Undeloh, Paris.

Post-scriptum

Il n'est guère d'usage, pour l'auteur d'un roman, de révéler ses sources, tant on peut craindre que le lecteur en trouve son plaisir amoindri par cette démystification d'une histoire à laquelle il a fait mine de croire. Or, dans le cas présent, j'annoncerai d'emblée que la réalité passe aisément la fiction. Je n'en donnerai pour exemple que les déguisements burlesques qu'a pris notre héros pour essayer, à plusieurs reprises, ne serait-ce que d'apercevoir sa belle, qu'un mari qu'on aurait pu croire complaisant avait soin de tenir éloignée de la cour. Ainsi, l'épisode de Henri IV déguisé en valet de chiens est avéré ; mais il y en eut d'autres, que j'ai négligés pour ne pas alourdir le récit, qui amenèrent le roi de France à se travestir notamment en postillon, ou encore à demeurer derrière une tapisserie dans laquelle il avait fait un trou pour y appliquer un œil, cependant que Charlotte (qui se savait observée) dînait dans la pièce voisine.

Cette dernière anecdote est pourtant suspecte, car elle a été rapportée par Tallemant des Réaux, qui n'a pu en être le témoin puisqu'il n'était pas né, et, trop souvent, dans ses Historiettes, *s'est laissé emporter par sa verve et son goût des ragots. A cette sorte de source controuvée, j'ai préféré utiliser les mémoires du temps et, surtout, les dépêches et messages qu'envoyaient presque journellement des diplomates à leurs cours respectives sur les faits, même les plus insignifiants, dont ils étaient les témoins. Ainsi du nonce Bentivoglio, en poste à Bruxelles, ou des souvenirs de Vittorio Siri, que les historiens laissent généralement dans l'ombre. J'ai emprunté aussi, comme on l'a vu, au* Journal de ma vie, *du maréchal de Bassompierre, bien qu'il ait été rédigé sur la fin de son existence et que la mémoire de son auteur soit prise parfois en défaut ; les* Lettres missives *de Henri IV ; l'histoire des amours du monarque par la princesse de Conti, bien qu'elle ait cherché à se venger du roi, comme a fait d'Aubigné dans sa* Confession du sieur de Sancy *; les souvenirs de Malherbe ; les fameuses* Économies royales *de Sully, quoique suspectes de complaisance envers lui-même ; les relations de l'enlèvement de Charlotte et du voyage de Condé à Milan, par Virey, le propre secrétaire du prince. Enfin, j'ai abondamment utilisé l'histoire de la famille de Condé, rédigée au siècle dernier par le duc d'Aumale, et qui apporte, sur bien des points demeurés obscurs, des précisions intéressantes.*

Table

Aubin Imprimeur
LIGUGÉ, POITIERS

Achevé d'imprimer en novembre 1988
pour le compte de France Loisirs

N° d'édition 14580 / N° d'impression L 30193
Dépôt légal, décembre 1988
Imprimé en France